FACULTÉ DE DROIT DE L'UNIVERS[ITÉ DE LILLE]

TENTATIVES FAITES PAR LA LÉGISLATION et par l'initiative privée POUR AMÉLIORER L'HABITATION OUVRIÈRE

THÈSE POUR LE DOCTORAT

(Sciences politiques et économiques)

L'ACTE PUBLIC SUR LES MATIÈRES CI-APRÈS

Sera soutenu le Mardi 24 Décembre 1901, à 10 heures du matin

PAR

Paul PLUQUET

JURY : *Président* : M. VALLAS, Professeur,
Suffragants : MM. JACQUEY, Professeur,
GUERNIER, Agrégé.

LILLE
IMPRIMERIE ET LIBRAIRIE CAMILLE ROBBE
209, Rue Léon-Gambetta, 209

1901

FACULTÉ DE DROIT DE L'UNIVERSITÉ DE LILLE

DES TENTATIVES FAITES PAR LA LÉGISLATION
et par l'initiative privée
POUR
AMÉLIORER L'HABITATION OUVRIÈRE

THÈSE POUR LE DOCTORAT
(Sciences politiques et économiques)

L'ACTE PUBLIC SUR LES MATIÈRES CI-APRÈS

Sera soutenu le Mardi 24 Décembre 1901, à 10 heures du matin

PAR

Paul PLUQUET

JURY : *Président :* M. Vallas, Professeur,
Suffragants : MM. Jacquey, Professeur;
Guernier, Agrégé.

LILLE
IMPRIMERIE ET LIBRAIRIE CAMILLE ROBBE
209, Rue Léon-Gambetta, 209

1901

FACULTÉ DE DROIT DE LILLE

ENSEIGNEMENT

MM. VALLAS (I. ✪), Doyen, Professeur de droit civil.
GARÇON (I. ✪), Professeur de droit criminel, Professeur adjoint à la Faculté de Paris.
LACOUR (I. ✪), Professeur de droit commercial.
BOURGUIN (I. ✪), Professeur d'économie politique Chargé de cours à la Faculté de Paris.
MOUCHET (I. ✪), Professeur de droit romain.
JACQUEY (I. ✪), Professeur d'histoire du droit.
WAHL (A. ✪), Professeur de procédure civile.
PELTIER (A. ✪), Professeur adjoint.
COLLINET (A. ✪), Professeur de droit romain.
GUERNIER, ✠, Agrégé, chargé de cours.
LÉVY-ULLMANN, Agrégé, chargé de cours.
LEREBOURS-PIGEONNIÈRE, Agrégé, chargé de cours.
AFTALION, Agrégé, chargé de cours.
JÈZE, Agrégé, chargé de cours.
DEMOGUE, chargé de cours.

ADMINISTRATION

MM. VALLAS (I. ✪), Doyen.
LACOUR (I. ✪), Assesseur.
SANSON (I. ✪), Secrétaire.

DOYEN HONORAIRE

M. DE FOLLEVILLE (I. ✪).

SECRÉTAIRE HONORAIRE

M. PROVANSAL (I. ✪).

AVANT-PROPOS

Cet ouvrage, dont l'objet est l'étude des efforts tentés pour l'amélioration du logement ouvrier, sera divisé en 3 parties.

Dans la première, après avoir montré la nécessité et l'urgence d'une réforme, nous présenterons les tentatives faites par le législateur poursuivant l'assainissement des maisons existantes et la construction d'habitations nouvelles.

Sans nous attarder outre mesure à la loi du 13 avril 1850 et à l'examen des pouvoirs des municipalités en matière d'hygiène, nous étudierons en détail la loi du 30 novembre 1894, qui constituera le cœur même de notre première partie.

Dans la seconde partie, après avoir défini le rôle de l'Etat dans l'œuvre des habitations ouvrières, et nous être prononcé résolument en faveur de la thèse libérale de l'initiative privée, nous nous efforcerons de mettre en lumière d'abord les résultats obtenus par l'action patronale, puis par les Sociétés philanthropiques ou commerciales de construction; enfin, par les ouvriers eux-mêmes réunis en Sociétés coopératives.

Dans la troisième partie, nous verrons la situation actuelle des logements ouvriers à Lille, et les mesures timides qui ont été prises en vue de leur amélioration.

Puisse l'impression qui se dégagera de cet ouvrage inspirer aux favorisés de la fortune l'invincible volonté de s'enrôler dans la croisade moderne contre les mauvais logements, la résolution opiniâtre de remplir, dans la limite de leur pouvoir, ce que M. Georges Picot a appelé un véritable « devoir social » !

INTRODUCTION

La question des habitations ouvrières est sans contredit l'un des aspects les plus attachants, mais aussi les plus complexes du problème social : l'un de ceux qu'il faut envisager avec ces dispositions d'esprit que réclamait en ces termes Claudio Jannet : « Pour étudier avec fruit la question sociale, il faut avoir à la fois le cœur chaud et la tête froide ! »

Cette question s'impose d'autant plus à la sollicitude des économistes qu'elle est nouvelle et qu'elle va se compliquant de jour en jour, à mesure que l'industrie se développe et qu'elle emploie plus de bras.

Elle n'existait pas, pour ainsi dire, il y a un siècle : la grande industrie en était encore à ses débuts. L'ouvrier indépendant travaillait chez lui, dans sa petite maison qui lui appartenait, et il tirait parti, comme il l'entendait, des produits de son travail. Les villes n'avaient pas encore pour les populations campagnardes cette puissance magique d'attraction. Paris n'avait que 600.000 habitants. Les chemins de fer étaient inconnus. Les paysans ne s'ennuyaient pas encore dans la solitude et dans le grand silence des champs.

Mais les découvertes merveilleuses qui illustreront à

jamais le 19e siècle ont changé les conditions économiques du travail. Les forces individuelles se sont groupées en forces collectives, et nous avons assisté à une transformation industrielle, caractéristique du temps présent.

Les ateliers ont grandi, de vastes usines ont englobé dans leur sein tous les producteurs autonomes d'autrefois, de puissantes machines ont invinciblement attiré les bras inoccupés, et des milliers de travailleurs ont déserté les campagnes, pour venir s'entasser dans les villes congestionnées.

Des cités nouvelles ont surgi du sol, toutes peuplées d'ouvriers; leurs faubourgs, semblables à des camps retranchés, ont abrité de véritables fourmilières humaines. C'est là, qu'une fois finie la rude journée de labeur, vient s'assoupir l'immense armée du travail.

A cette population d'ouvriers, attirés comme par un aimant irrésistible vers les villes tentaculaires, s'est jointe la multitude des indigents et des mendiants, désireux de vivre aux dépens de la charité publique et privée.

Sur toutes les classes de la société s'est exercée la fascination de la grande ville : elle offre à tous des agréments, des distractions qu'on ne trouve pas ailleurs.

A mesure que s'opérait cette condensation prodigieuse, l'espace nécessaire à l'habitation diminuait. Ouvriers, artisans, employés, ne voulaient pas s'éloigner de leur usine, de leur métier, de leur bureau, pour ne pas ajouter la fatigue de la route à la fatigue de la journée. Tous, en quête de logements, se faisaient, à leurs propres dépens, une concurrence effroyable.

Les propriétaires de maisons ou de terrains situés à proximité des usines savaient merveilleusement exploiter ces besoins, et leur esprit de lucre sans scrupule se manifestait avec une remarquable ingéniosité.

D'anciennes habitations, bâties pour une ou deux familles, étaient transformées en maisons où venaient s'entasser d'innombrables locataires, sans égard pour la salubrité et le confort, sans souci de faire pénétrer dans ces appartements exigus l'air, la lumière du soleil, d'éclairer les escaliers, de séparer les maisons par des cours.

A Paris notamment, dans certains quartiers, il n'est pas un jardin, pas une cour où l'on n'ait élevé de nouveaux bâtiments, pas une remise qu'on n'ait transformée en logement. Rien que des chambres, toujours des chambres, et souvent des chambrées... ! avec de longs corridors obscurs, infects, sans air.

Si l'on pénètre à l'intérieur de ces bouges, le tableau est plus lamentable encore. Les pièces sont petites, basses ; il s'en dégage unne atmosphère méphitique, une odeur de moisi et d'humidité qui saisit à la gorge. Les immondices sont entassées dans les corridors, ou sur les marches vermoulues de l'escalier obscur.

L'ouverture qu'on décore du nom de fenêtre est bouchée avec des haillons ou des planches, pour empêcher le vent et la pluie d'entrer.

L'ameublement est en rapport avec le reste, des débris de chaises, une table boîteuse, les restes branlants d'un lit ; à terre, un grabat sordide où croupissent quelques enfants déguenillés.

Telle est, dans les grandes villes, l'habitation du pauvre. Parfois, c'est pis encore. M. Arthur Raffalovich qui parcourt le monde en se livrant sur la question des logements ouvriers, à une enquête aussi utile par son but que navrante par ses résultats, nous donne des détails d'un réalisme lamentable.

« A Londres, dans une cave, un inspecteur de la salubrité a trouvé le père, la mère, quatre enfants et trois porcs. Dans une autre pièce, un homme malade de la petite vérole, sa femme qui vient d'accoucher pour la huitième fois, et les enfants à demi-nus.

Ici, sept personnes vivent dans une cuisine souterraine, le cadavre d'un petit enfant au milieu d'elles...

Pêle-mêle, dans ces bouges, vivent des voleurs, des assasins, des filles, et d'honnêtes ouvriers avec leur famille. Peu de gens sont mariés, nul ne s'en soucie, l'union libre triomphe..., l'inceste et pire encore y sont péché mignon (1). »

N'insistons pas sur ces descriptions malheureusement véridiques de la misère poussée à son extrême degré, et dont le souvenir seul fait frémir. Toutes les grandes villes ont de ces cloaques où grouille une population pauvre, malpropre et souvent suspecte. C'est là que la police fait ses captures les plus nombreuses, c'est toujours par là que débutent les épidémies. Ces quartiers, derniers vestiges de la Cour des Miracles, sont des foyers tout pré-

---

(1) A. Raffalowich. *Le logement de l'ouvrier et du pauvre.*

parés pour les maladies contagieuses, un terrain qui ne demande qu'à être ensemencé par leurs germes, pour les multiplier et les répandre sur la ville entière.

Les tableaux si exacts qu'en ont tracés MM. d'Haussonville, Picot et du Mesnil, ont révélé toute la gravité du mal; nous n'essaierons pas de tenter après eux une description qui serait forcément imparfaite. Contentons-nous de dire que partout, dans les bas-fonds des grandes cités, on peut être témoin du même écœurant spectacle de dégradation et de misère.

Sans descendre jusqu'à ces taudis abominables, ne sait-on pas combien sont insuffisants les petits logements des villes où l'air n'entre pas, où ne pénètre jamais un rayon de soleil.

Ce sont des abris, ce ne sont pas des foyers.

Si encore ces logements si défectueux étaient loués pour le prix qu'ils méritent ! Mais, il n'en est rien. Le plus souvent, le propriétaire disparaît. Il croirait déroger à son rang en exploitant lui-même son immeuble; il tient, d'autre part, à s'éviter d'inutiles ennuis en percevant directement ses loyers. Il abandonne ce soin à un principal locataire, dont l'unique profession est le recouvrement souvent difficile du terme. Ce dernier devient le « logeur », et ce nom lui est jeté avec une expression de haine et de mépris par tous les locataires qui doivent traiter avec lui.

Le « logeur » ne connaît pas le respect humain ; le sort de l'immeuble lui est indifférent. Pour accroître son bénéfice, il convertit en chambres les réduits les plus humides, il divise et subdivise, il élève les prix au gré de son caprice, il rançonne les locataires, il multiplie les exigences. Il n'est pas rare de le voir installer au rez-de-chaussée un débit de boissons, et pour rendre le passage obligatoire par le comptoir où il trône, il supprime le corridor.

Malheur à celui qui, dépendant de lui, traverserait le débit sans goûter à son absinthe frelatée !

C'est l'exploitation éhontée du locataire qu'il poursuit à son profit, loin des yeux du propriétaire indifférent.

Les chambres uniques se louent au minimum 80 francs par an. A proximité des usines, leur prix atteint 150 fr. Avec un petit cabinet attenant, il monte à 250 francs.

Dans tous ces logements, la séparation des sexes est impossible. Elle exige, en effet, trois chambres qui se louent partout plus de 300 francs. Bien rares sont les familles ouvrières qui peuvent s'offrir ce luxe !

Il est d'autres maisons de meilleure apparence qui sont accessibles aux ouvriers, mais dont la porte est inexorablement fermée aux familles nombreuses. « Pour y être admis au jour du terme, dit M. Georges Picot dans son magnifique ouvrage « *Un devoir social* », les parents n'avouent qu'un ou deux enfants, les autres sont prêtés à quelques voisins complaisants. Plusieurs jours s'écoulent ; il en revient un, puis la semaine suivante, on en fait rentrer un autre. Dès que le principal locataire, faisant fonctions de concierge, s'aperçoit qu'il y a quatre enfants dans le logement, il donne congé (1). »

A l'heure où la dépopulation de la France éveille de toutes parts la sollicitude inquiète de tous les hommes sensés et devrait primer tant d'autres préoccupations secondaires, n'est-il pas scandaleux de voir cet obstacle opposé par une tyrannie méprisable au développement de notre race ?

D'aucuns, croyant ce tableau trop noir, diront peut-être qu'une aisance relative règne généralement dans la maison du travailleur. Ceux-là se trompent et s'endorment dans une douce quiétude. Qu'ils prennent la peine de se rendre compte par eux-mêmes de l'état des habitations ouvrières, dans les villes où prospère la grande industrie. Qu'ils ne se bornent pas à parcourir d'un pas rapide ces rues étroites et sombres, ces impasses peu fréquentées, sordides.

Qu'ils aient le courage de monter, au hasard, l'escalier d'une maison qui s'offrira à leur vue. Ils verront alors que la réalité est plus poignante que les descriptions les plus lamentables. Ils constateront eux-mêmes des scènes écœurantes sur lesquelles il est impossible d'insister, et puissent-ils comprendre alors la nécessité de l'action !

Ainsi, dans les grandes cités, les logements des pauvres sont à la fois malsains et chers. Les ouvriers honnêtes cherchent en vain des conditions favorables à la moralité

---

(1) G. Picot. *Un devoir social et les logements d'ouvriers*, p. 39.

et à l'hygiène. D'abord, ils s'irritent, ils s'exaspèrent, puis ils perdent courage et s'habituent à leur intérieur repoussant : l'œuvre de dégradation physique et morale est alors consommée.

Songe-t-on au mal physique? Les conditions défectueuses de l'habitation sont mortelles pour l'enfant, délétères pour l'adulte, nuisibles pour toute la famille. A Lille, dans la rue des Etaques, sur trois enfants, un seul arrive à l'âge de cinq ans! Tel est le tribut que prélève sur cette population malheureuse l'insalubrité du logement, plus meurtrière que ne l'était jadis le Minotaure de Crête!

Devant de pareilles hécatombes, qui donc saurait rester indifférent?

Veut-on mesurer le mal moral? Il est sans limites.

Comment espérer que dans ces bouges s'exerce l'influence du foyer familial, qui tant de fois défend l'homme contre les tentations du dehors? Dans le taudis, l'âme n'est pas moins exposée que le corps. Qui donc a dit que ces murs, imprégnés de toutes sortes de contagions, dégageaient aussi celle du vice?

On s'occupe avec ardeur de nos jours de l'instruction des enfants du peuple. Est-il possible que ces efforts généreux portent les fruits attendus, aussi longtemps que ces enfants iront reposer leur cerveau dans ces réduits sordides où rien d'intellectuel ne saurait pénétrer?

On lutte aujourd'hui contre l'alcoolisme : de toutes parts des hommes dévoués fondent des ligues, répandent des brochures, prodiguent les conférences. Vains efforts, éloquence dépensée en pure perte !

« Le taudis est le pourvoyeur du cabaret, » s'est écrié M. Jules Simon. Le père, sa journée finie, déserte sa demeure où rien ne l'attire, et la mère seule brave l'horreur d'y vivre pour ne pas laisser ses enfants aux hasards de l'abandon.

Le foyer domestique, bien loin de rassembler chaque soir les parents et les enfants est, par son dénûment, la première cause de leur séparation.

Conçoit-on les colères que soulève un sort si malheureux? Sait-on sur qui elles retombent?

C'est le propriétaire, et derrière lui c'est la société tout entière qui porte le poids des anathèmes et des haines ouvrières.

Le père, qui voit ses enfants consumés peu à peu par cette malaria, plus délétère encore que celle des Marais-Pontins, conçoit contre l'ordre social, dont il se croit la victime, une rancune sourde qui, à la première occasion, éclatera avec d'autant plus de fureur qu'elle aura été plus contenue. « Ce n'est pas seulement de la vertu, a dit M. le docteur du Mesnil, c'est de l'héroïsme qu'il faudrait à tout ce monde pour ne pas contracter dans ces bouges la haine de la société. »

Arrivent alors les excitateurs, les commis-voyageurs de la Révolution, qui provoquent chez ces malheureux les plus pernicieuses passions et déchaînent, de gaîté de cœur, les plus effroyables tempêtes.

L'armée des misérables se jette dans les bras des charlatans politiques et tend, sous leur influence néfaste, à devenir un danger de jour en jour plus menaçant pour notre société moderne.

Le taudis est peut-être le recruteur le plus actif du collectivisme. Aussi les apôtres de cette doctrine décevante n'ont-ils pas assez de sarcasmes contre les hommes de bonne volonté qui poursuivent l'amélioration des logements populaires.

D'après le conseil donné par Bakounine, dans son « Catéchisme du parfait révolutionnaire », il faut non apaiser, mais exaspérer les souffrances du peuple pour le lancer, avec plus de colère, à la démolition de l'édifice social.

Le souci même de la conservation personnelle ne permet donc pas aux « classes dirigeantes » de se dérober au devoir impérieux qui leur incombe — car l'amélioration de l'habitation ouvrière, si elle est surtout une question d'humanité est aussi, dans une large mesure, une question de préservation sociale.

PREMIÈRE PARTIE

DES PRINCIPALES MESURES

prises par le législateur français en faveur des habitations ouvrières.

TITRE PREMIER

I. Etude de la loi du 13 avril 1850.
II. Décret du 26 mars 1852.
Pouvoirs des Maires en matière de salubrité publique.

I

Étude de la loi du 13 avril 1850.

La loi du 13 avril 1850, a pour but d'assurer la salubrité intérieure des logements. Elle fut votée sous l'impression encore récente de terribles épidémies, mais, ainsi que nous le démontrera son étude, elle présente nombre d'imperfections et de lacunes, qu'il serait indispensable de corriger ou de combler.

CHAPITRE PREMIER

Définition de l'insalubrité et examen des conditions requises pour l'application de la loi.

L'insalubrité qui peut motiver l'application de la loi est ainsi définie : « Sont réputés insalubres les logements qui se trouvent dans des conditions de nature à porter atteinte à la vie ou à la santé de leurs habitants ». (art. 1, § 2).

L'insalubrité peut résulter des mauvaises odeurs viciant l'air des habitations, de la trop grande agglomération des habitants, du manque d'air et de lumière, des infiltrations, de l'humidité, de la malpropreté, etc ..

La loi ne vise que l'insalubrité : elle ne pourrait donc s'appliquer aux cas d'incommodité des habitations, ou aux dangers que pourraient présenter les constructions.

La loi de 1850 exige, en outre, quatre conditions en l'absence desquelles elle est sans application :

1° *L'insalubrité doit être inhérente à l'habitation, c'est-à-dire qu'elle doit dépendre du fait même de l'habitation.* — Ces causes d'insalubrité sont extérieures ou intérieures.

« Extérieures : Dépôts d'immondices, stagnation des eaux dans les cours et passages, malpropreté des murs, des escaliers, des corridors.

» Intérieures : Défaut d'air et de lumière, humidité, etc... (1).

» Lorsque l'insalubrité est le résultat de causes extérieures et permanentes, ou lorsque ces causes ne peuvent être détruites que par des travaux d'ensemble, la commune pourra acquérir, suivant les formes et après l'accomplissement des formalités prescrites par la loi du 3 mai 1841, la totalité des propriétés comprises dans le périmétre des travaux ». (art. 13).

On peut citer, comme exemple de ces travaux d'ensemble, des constructions trop hautes dans des rues très étroites.

L'art. 13, *in fine*, ajoute : Les portions de ces propriétés qui, après l'assainissement opéré, resteraient en dehors des alignements arrêtés pour les nouvelles constructions, pourront êtres revendues aux enchères publiques, sans que, dans ce cas, les anciens propriétaires ou leurs ayants droit puissent demander l'application des art. 60 et 61 de la loi du 3 mai 1841 (2).

(1) V. DES CILLEULS (*Commentaire de la loi du 13 avril 1850*, p. 9).

(2) Art. 60 de la loi du 3 mai 1841. — Si les terrains acquis pour des travaux d'utilité publique ne reçoivent pas cette destination, les anciens propriétaires ou leurs ayants droit peuvent en demander la remise. Le prix des terrains rétrocédés est fixé à l'amiable et, s'il n'y a pas accord, par le jury. La fixation par le jury ne peut, en aucun cas, excéder la somme moyennant laquelle les terrains ont été acquis.

Art. 61. — Un avis fait connaître les terrains que l'Administration est dans le cas de revendre. Dans les trois mois de cette publication, les anciens propriétaires qui veulent réacquérir la propriété desdits terrains sont tenus de le déclarer et, dans le mois de la fixation du prix, soit amiable, soit judiciaire, ils doiveut passer le contrat de rachat et payer le prix ; le tout à peine de déchéance du privilège que leur accorde l'article précédent.

La loi du 13 avril 1850 reste sans effet lorsque l'insalubrité résulte :

1° De causes naturelles et permanentes, comme le voisinage de cours d'eau et de marais, l'humidité du sol ;

2° De causes naturelles et accidentelles, telles que les épidémies ;

3° De causes extérieures dépendant de la volonté de l'homme, telles que la proximité d'un cimetière ou d'une exploitation industrielle répandant des odeurs malsaines, des dépôts d'immondices, la stagnation des eaux dans les rues (des Cilleuls, *Commentaire de la loi du 13 avril 1850*).

2° L'insalubrité doit dépendre du Fait du propriétaire ou de l'usufruitier. — La loi ne parle pas de l'usager qui, en principe, ne peut céder son droit à un tiers ou donner en location les lieux qu'il habite. Elle ne s'applique pas si l'insalubrité provient du fait du locataire seul. En effet, l'article 10 vise uniquement les causes d'insalubrité dépendantes de l'habitation elle-même.

Donc, un propriétaire qui a loué un logement salubre, ne saurait être rendu responsable de l'insalubrité qui proviendrait des aménagements effectués par le locataire, ou de l'exercice du commerce ou de l'industrie de ce dernier, ou de sa jouissance abusive (1).

Ce principe certain découle de l'interprétation stricte

---

(1) V. Sanlaville. *Revue générale d'administration*, 1896, t. II, p. 388.

de la loi. Cependant, la jurisprudence, à cet égard, ne semble pas avoir de règles bien fixes.

Certains conseils de préfecture ont admis cette solution, mais le Conseil d'Etat ne paraît pas disposé à sanctionner ce jugement. C'est ainsi qu'il a mis à la charge des propriétaires des travaux d'assainissement, alors que l'insalubrité provenait uniquement du fait du locataire qui avait converti en chambre à coucher un rez-de-chaussée loué pour servir de magasin (Conseil d'Etat, 13 avril 1883. — Frichot, S., 85, 3, 15).

Cette solution du Conseil d'Etat, outre qu'elle n'est pas conforme à la loi, est regrettable. Il semble excessif de rendre le propriétaire ou l'usufruitier responsable de faits qui lui sont étrangers et que, souvent, il ne peut empêcher. S'il plaisait, par exemple, au locataire de faire coucher ses enfants ou ses domestiques dans les caves ou dans les greniers, serait-il équitable d'obliger le propriétaire à transformer ces locaux en pièces habitables ?

Sans doute, celui-ci a un recours contre le locataire, mais cette ressource ne saurait être suffisante pour justifier une interprétation aussi contraire de la loi de 1850 ;

3° *L'insalubrité doit affecter les logements et dépendances prévus par la loi.* — Par le mot « logement », il faut entendre l'habitation, la demeure. Cette expression comprend : les chambres à coucher, la salle à manger, la cuisine, les chambres de domestiques, boutiques, arrière-boutiques, ateliers attenant à l'habitation, mais non les ateliers ou usines distincts de l'habitation. Cette exclusion résulte des travaux préparatoires de la loi.

La loi s'applique à tous logements, petits ou grands, riches ou pauvres, qu'ils soient situés à la ville ou à la campagne, qu'ils soient la propriété d'une personne civile (Etat, département, commune, établissements publics) ou d'un simple particulier.

La discussion de l'article 1er donna lieu à des débats sérieux au sein de l'Assemblée. Le mot *dépendances*, qui a ici une importance capitale, fut ajouté à la demande d'un député, M. Loiset, qui, d'abord, avait proposé de faire suivre le mot « logements » par cette expression « les ruelles, allées, cours, impasses et autres dépendances communes des logements. »

Le rapporteur, M. de Riancey, répondit : « Tout cela est compris dans le mot « logement »..... Il est clair, par exemple, que si l'insalubrité d'un logement dépend de l'insalubrité d'une cour, le premier soin sera de faire approprier cette cour ».

Mais M. Crémieux répondit : « Les magistrats ne voudront juger qu'avec ce qui est dans la loi . ... Si un mot est nécessaire dans une loi, les magistrats ne peuvent pas le suppléer. »

C'est alors que fut ajouté le mot « dépendances » pour que fût bien précisée l'étendue des droits conférés à la commission. Ce mot comprend toutes les parties de l'habitation, extérieures ou intérieures, destinées à l'usage des locataires : couloirs, corridors, escaliers, etc.....

La loi de 1850 est applicable aux maisons garnies. Le rapporteur, M. de Riancey, fit en effet ressortir énergiquement la nécessité de veiller à la salubrité intérieure des garnis, de même que la surveillance de la police municipale s'y exerce pour la sûreté des personnes. (Loi des 19-22 juillet 1791, titre 1er, art. 5. — Code pénal, article 475, n° 2),

La loi ne s'applique pas aux édifices publics et généralement à tous les établissements qui ont un caractère public, tels que les écoles, asiles, établissements de bienfaisance, hôpitaux, maisons d'aliénés, halles et marchés, etc.... (1).

C'est aux conseils d'hygiène publique qu'incombe le soin de veiller à la salubrité de ces établissements.

Cependant, il faut distinguer dans ces édifices les locaux affectés à un service public et les pièces qui servent de logoments, au sens propre du mot. Par exemple si, dans une école, il existe des locaux à usage de logements pour l'instituteur et sa famille, la Commission des logements insalubres est compétente pour y pénétrer et y ordonner les mesures d'assainissement nécessaires. (2).

4° *Il faut que les logements et dépendances soient occupés par d'autres que le propriétaire, l'usufruitier ou l'usager* (3). — Cette disposition résulte clairement de

---

(1) des Cilleuls, op. cit., p. 16.
(2) Sanlaville, op. cit., 1896, t. II, p. 390.
(3) Conseil d'État, 29 décembre 1858. — Courmont, S., 59, 2, 472.

l'article 1, § 1 *in fine*, et provient de la crainte qu'a éprouvée le législateur de toucher au droit sacré de la propriété. Le rapporteur, M. de Riancey, exprime d'ailleurs cette idée. La loi ne peut défendre au propriétaire que ce qui nuit à autrui. S'il veut se nuire à lui-même, elle ne saurait l'en empêcher. Il est tenu, bien entendu, de respecter, même pour son habitation personnelle, les lois et règlements sur la salubrité générale, (curage des puisards, nettoyage des cours, écoulement des eaux ménagères, etc.....

CHAPITRE II

Composition, fonctionnement et attributions des commissions des logements insalubres.

I. — Composition de la commission des logements insalubres

M. de Riancey exprime en ces termes la volonté du législateur de 1850 :

« Nous avons remis au Conseil de la commune le soin de provoquer la création de la Commission d'enquête et d'expertise, qui est comme la cheville ouvrière de l'organisation entière. C'est aux électeurs municipaux à stimuler, s'il s'endormait sur ce point, le zèle de leurs mandataires. »

C'est pourquoi (article 1er) : dans toute commune où le Conseil municipal l'aura déclaré nécessaire par une délibération spéciale, il nommera une commission chargée de rechercher et indiquer les mesures indispensables d'assainissement des logements et dépendances insalubres mis en location ou occupés par d'autres que le propriétaire, l'usufruitier ou l'usager. »

Le Conseil municipal a donc seul le droit d'instituer cette Commission, mais il n'en a pas l'obligation. S'il refuse de l'établir, nulle autorité supérieure ne peut se substituer à lui. En fait, de nombreuses circulaires ministérielles prescrivent aux préfets d'agir de tout leur pouvoir sur les maires pour leur faire comprendre l'utilité de cette Commission facultative, mais il faut reconnaître qu'elles n'ont guère obtenu de succès.

La Commission se compose de neuf membres au plus et de cinq au moins. En font nécessairement partie un médecin et un architecte ou tout autre homme de l'art, ainsi qu'un membre du Bureau de bienfaisance et du Conseil des prudhommes, si ces institutions existent dans la commune. La présidence appartient au maire ou à l'adjoint. Le médecin et l'architecte peuvent être choisis hors de la commune. La Commission se renouvelle tous les deux ans, par tiers ; les membres sortants sont indéfiniment rééligibles.

A Paris, la Commission se compose de 12 membres.

Toutes ces dispositions résultent de l'article 2 de la loi de 1850. Toutefois, le dernier paragraphe en a été modifié par l'article unique de la loi du 25 mai 1854, ainsi conçu : Dans les communes dont la population dépasse 50.000 âmes, le Conseil municipal pourra, soit nommer plusieurs Commissions, soit porter jusqu'à 20 le nombre des membres de la Commission existante.

A Paris, le nombre des membres pourra être porté jusqu'à 30.

II. — Fonctionnement et attributions de la commission

Les attributions de la Commission sont définies par l'article 1er. « Elle est chargée de rechercher et indiquer les mesures indispensables d'assainissement des logements et dépendances insalubres mis en location ou occupés par d'autres que le propriétaire, l'usufruitier ou l'usager. »

Il résulte nettement de la discussion de la loi que la Commission ne peut agir d'office, de sa propre initiative. Elle doit être saisie, soit par la rumeur publique, soit par des plaintes individuelles, soit par la police. Ainsi invitée à l'action, elle visite les lieux signalés comme insalubres. Elle détermine l'état d'insalubrité, en indique les causes, ainsi que les moyens d'y remédier. Elle désigne les logements qui ne seraient pas susceptibles d'assainissement (article 3).

La loi n'oblige pas la Commission à faire ses visites contradictoirement avec le propriétaire intéressé (1).

Il y a là certainement une lacune à combler. Des constatations contradictoires auraient, en effet, souvent l'avantage d'éviter une expertise onéreuse.

La visite faite, la Commission rend compte de son résultat par un rapport, qui est déposé au Secrétariat de la Mairie, et les parties intéressées sont mises en demeure d'en prendre communication et de produire leurs observations dans le délai d'un mois (article 4).

---

(1) Conseil d'État, 5 décembre 1884. — Delamarre-Lebon, p. 880.

CHAPITRE III

Le rôle du Conseil municipal.

C'est ici qu'intervient le Conseil municipal.

A l'expiration du délai d'un mois, prescrit par l'article 4, les rapports et observations seront soumis au Conseil municipal qui déterminera :

1° Les travaux d'assainissement et les lieux où ils devront être entièrement ou partiellement exécutés, ainsi que les délais de leur achèvement.

2° Les habitations qui ne sont pas susceptibles d'assainissement. Dans ce dernier cas, la résolution du Conseil municipal n'est que préalable. C'est le Conseil de préfecture qui, ainsi que nous le verrons, juge définitivement, avec possibilité d'appel au Conseil d'Etat.

S'il est reconnu que le logement n'est pas susceptible d'assainissement et que les causes d'insalubrité sont dépendantes de l'habitation elle-même, l'autorité municipale pourra, dans le délai qu'elle fixera, en interdire provisoirement la location à titre d'habitation (art. 10, § 1).

Par argument *a contrario*, si les causes d'insalubrité peuvent être supprimées par les travaux nécessaires, l'autorité municipale ne peut interdire la location, même provisoirement.

Dans le même ordre d'idées, la commission des logements insalubres ne peut ordonner des travaux s'il n'est pas établi que ces travaux soient indispensables à l'assainissement de l'immeuble.

Le propriétaire ou l'usufruitier qui aura contrevenu à l'interdiction prononcée sera condamné à une amende de 16 à 100 francs, et en cas de récidive dans l'année, à une amende égale au double de la valeur locative du logement interdit (art. 10 *in fine*).

Ces pénalités sont les mêmes pour une interdiction provisoire ou une interdiction définitive d'habitation. Cette dernière ne peut être prononcée que par le Conseil de préfecture, avec recours possible au Conseil d'Etat. Mais le Conseil de préfecture ne saurait interdire au propriétaire d'habiter lui-même la maison dont l'insalubrité a été constatée, il ne peut que lui en défendre la location à titre d'habitation.

Au surplus, les locaux interdits peuvent être loués pour tout autre usage que l'habitation, notamment pour le dépôt de marchandises, etc...

CHAPITRE IV

Conséquence des décisions.

1° *Exemption de l'impôt des portes et fenêtres.* — Les ouvertures pratiquées pour l'exécution des travaux d'assainissement seront exemptées, pendant 3 ans, de la contribution des portes et fenêtres (article 8). « Cette faveur, dit le rapporteur, a son analogie dans l'exemption portée, par le décret du 14 juillet 1848, au profit des constructions destinées au logement des ouvriers. Elle sera du plus utile effet, nous n'en doutons pas ».

En réalité, cette faveur constitue une bien légère compensation et pourrait disparaître bientôt si, comme le souhaitent ardemment les hygiénistes, l'impôt des portes et fenêtres qui pèse, en somme, sur l'air et la lumière, venait à être aboli.

2° *Résiliation des baux.* — Lorsque, par suite de l'exécution de la présente loi, il y aura lieu à résiliation des baux, cette résiliation n'emportera en faveur du locataire aucuns dommages-intérêts (article II).

Cette disposition est juste puisque c'est dans l'intérêt de la santé du locataire que la loi est appliquée. Il serait d'une rigueur vraiment excessive de forcer encore le propriétaire à lui payer une indemnité.

CHAPITRE V

Des voies de recours.

1° *Recours au Conseil de Préfecture.* — Un recours est ouvert aux intéressés contre les décisions du Conseil municipal devant le Conseil de préfecture, dans le délai d'un mois à dater de la notification de l'arrêté municipal. Ce recours est suspensif (art. 6).

Il est à remarquer que ce recours n'est possible que contre les décisions du Conseil municipal et non contre les rapports de la Commission des logements insalubres.

Les personnes qui peuvent l'inventer sont celles que là loi déclare responsables de l'insalubrité, c'est-à-dire le propriétaire, l'usufruitier, l'usager, mais le locataire et la commnne ne peuvent intervenir. (Conseil d'Etat, 14 juillet 1859. Belseur, S., 60, 2, 348).

Le Conseil de préfecture peut prescrire une expertise, mais n'est pas tenu de déférer à la demande de l'intéressé qui la sollicite (1).

2° *Recours au Conseil d'Etat.* — Lorsque le Conseil de préfecture a prononcé l'interdiction absolue d'habita-

(1) Conseil d'État, 11 novembre 1881. — Dillais, S , 83, 3, 31.

tion, il peut y avoir recours de sa décision devant le Conseil d'Etat.

Le recours n'est-il possible que dans ce cas ? On l'a soutenu, en s'appuyant sur cette phrase du rapport de M. de Riancey.

« Quelques personnes auraient voulu que le recours contre l'injonction des travaux à exécuter remontât jusqu'au Conseil d'Etat. La majorité de la Commission a pensé que l'intervention du Conseil de préfecture suffisait. Il ne faut pas entraver par une trop longue et trop dispendieuse procédure, des travaux qui peuvent être urgents et qui seront souvent d'une importance assez minime. Le recours d'ailleurs est suspensif ».

Mais la jurisprudence a décidé qu'il fallait appliquer ici la règle d'après laquelle le recours devant le Conseil d'Etat est ouvert contre toutes les décisions rendues par les Conseils de préfecture en matière contentieuse, en l'absence d'une exception spéciale apportée par la loi. (Conseil d'Etat, 7 avril 1865. de Madre, S., 65, 2, 358).

CHAPITRE VI

Exécution des décisions. — Pénalités.

En vertu de la décision du Conseil municipal ou de celle du Conseil de préfecture, en cas de recours, s'il a été reconnu que les causes de l'insalubrité sont dépendantes du fait du propriétaire ou de l'usufruitier, l'autorité municipale lui enjoindra, par mesure d'ordre et de police, d'exécuter les travaux jugés nécessaires (article 7).

C'est donc au maire qu'il appartient de faire exécuter la décision. Si le délai du recours est passé et si les travaux prescrits n'ont pas été exécutés, le maire prend un arrêté ordonnant aux intéressés de les accomplir dans un certain délai, à l'expiration duquel une contravention est dressée contre eux, en cas d'inexécution. Il faut admettre, d'après le principe déjà posé, que la contravention n'est pas possible contre le propriétaire ou l'usufruitier qui viendrait à habiter lui-même les locaux déclarés insalubres et dont l'habitation aurait été interdite.

Hors de ce cas, si le propriétaire ou l'usufruitier contrevient à l'interdiction prononcée, il est passible d'une amende de 16 à 100 frs, et en cas de récidive dans l'année, à une amende égale au double de la valeur locative du logement interdit (art. 10, § 3).

Il ressort d'une circulaire ministérielle du 5 février 1858 que les tribunaux correctionnels sont compétents pour connaître des contraventions, à l'exclusion de l'autorité administrative. (1).

En cas d'inexécution dans les délais déterminés, des travaux jugés nécessaires, et si le logement continue d'être occupé par un tiers, le propriétaire ou l'usufruitier sera passible d'une amende égale à la valeur des travaux, et pouvant être élevée au double (article 9).

L'article 463 du Code pénal est applicable à toutes ces contraventions (article 12), c'est-à-dire que les circonstances atténuantes peuvent toujours être accordées.

Les amendes prononcées en vertu de la loi du 13 avril 1850 sont attribuées en entier au bureau de bienfaisance de la localité où sont situées les habitations à raison desquelles ces amendes auront été encourues (article 14).

---

(1) V. DES CILLEULS, op. cit., p. 58.

CRITIQUE DE LA LOI DU 13 AVRIL 1850

La loi du 13 avril 1850 a soulevé de nombreuses critiques.

On peut d'abord regretter son caractère facultatif. Nous avons vu qu'en effet, elle n'oblige pas les Conseils municipaux à créer une commission des logements insalubres, elle leur en laisse seulement la faculté. Aussi a-t-elle manqué son but. Malgré de nombreuses et pressantes circulaires ministérielles, il n'existe que cinq villes en France où la commission fonctionne régulièrement (Paris, Lille, Le Havre, Roubaix et Nancy).

De plus, en confiant aux Conseils municipaux le soin de juger les travaux nécessaires ou de déclarer l'impossibilité d'assainissement, le législateur de 1850 vouait son œuvre à une impuissance certaine : la crainte de déplaire à l'électeur est pour ces conseils locaux le commencement de l'abstention. Et quand, d'aventure, ils usent de leur droit, leur intervention apparaît trop souvent comme une mesure vexatoire, prise contre des adversaires politiques.

Il serait bon d'ôter aux Conseils municipaux leurs attributions en cette matière et de les confier soit au pouvoir central, soit à des corps nommés par lui, aux commissions d'hygiène, par exemple.

On a reproché encore à la loi de 1850 de n'avoir que trop vaguement indiqué les causes d'insalubrité, de n'être pas applicable à l'habitation personnelle du propriétaire.

Les moyens de contrainte qu'elle permet sont fréquemment retardés par les longueurs de la procédure Le pourvoi au Conseil d'Etat étant, en effet, suspensif, le propriétaire qui l'intente peut ajourner presque indéfiniment des travaux urgents et ne se voir contraint à les exécuter que lorsque l'insalubrité du logement aura fait peut-être de nouvelles victimes.

D'ailleurs, pour faire œuvre vraiment utile, le législateur aurait dû donner à ses prescriptions une sanction plus rigoureuse que les amendes dérisoires infligées aux propriétaires récalcitrants, et dont la minime importance est toujours, en fait, mitigée par les circonstances atténuantes.

Autre reproche, mais en sens contraire : alors que l'insalubrité est due souvent au fait du locataire, le législateur réserve toutes ses foudres pour le propriétaire ou l'usufruitier.

D'autre part, l'examen de la loi nous a montré que la commission ne pouvait fonctionner d'office. Il faut qu'elle soit saisie ; or, elle l'est le plus souvent par des dénonciations anonymes, fruit de ressentiments particuliers ou de vengeances mesquines.

Telles sont les critiques principales soulevées contre la loi du 13 mars 1850. Cependant on ne peut nier que cette loi constitue un progrès. Avant elle, en effet, par un souci peut-être exagéré du droit de propriété, le législateur n'avait édicté aucune mesure contre l'insalubrité des habitations.

En enlevant à la loi de 1850 son caractère facultatif et en remédiant aux critiques que nous avons essayé d'indiquer, le législateur ferait œuvre utile.

C'est en s'inspirant de cette idée que M. Martin Nadaud avait déposé, en 1882, un projet modifiant la loi de 1850. Ce projet fut discuté à la Chambre le 13 novembre 1883. Après un discours favorable de M. Waldeck-Rousseau, Ministre de l'Intérieur, le renvoi au Conseil d'Etat, demandé par M. Bernard Lavergne, fut rejeté, et le renvoi à la commission fut voté. Depuis, le projet n'a plus reparu.

Sans doute, le législateur a-t-il pensé que la loi sur les habitations à bon marché, dont il était déjà question, rendrait inutile un remaniement complet de la loi de 1850.

Cette pensée était regrettable, car, ainsi que nous le montrera son étude, la loi du 30 novembre 1894 s'est placée à un autre point de vue et est totalement différente, par son but et par ses moyens, de la loi du 13 avril 1850 dont nous venons de retracer l'économie.

II

Décret du 26 mars 1852. — Pouvoirs des Maires en matière de salubrité publique.

Bien que le décret du 26 mars 1852 soit spécialement relatif à la ville de Paris, l'article 9 décide que ses dispositions pourront être appliquées à toutes les villes qui en feront la demande, par des décrets spéciaux, rendus dans la forme des règlements d'administration publique

Aux termes de l'article 4 de ce décret, tout constructeur de maisons, avant de se mettre à l'œuvre, doit adresser à l'administration un plan et des coupes cotés des constructions qu'il projette, et se soumettre aux prescriptions qui lui seront faites, dans l'intérêt de la sûreté et de la salubrité.

En 1890, 162 villes avaient demandé l'application du décret du 26 mars 1852. Mais il en est bien peu qui usent rigoureusement des droits que leur confère cet acte : la crainte perpétuelle de s'aliéner des électeurs paralyse le pouvoir municipal.

Du reste, point n'est besoin de recourir au décret de 1852, puisque, en vertu de leurs pouvoirs de police, les maires peuvent prendre des arrêtés pour réglementer, d'une manière générale, la hauteur, le mode de construction et la salubrité intérieure des bâtiments.

La police municipale est spécialement régie par les articles 97 et 98 de la loi du 5 avril 1884. Elle donne au maire le droit d'assurer dans sa commune « la tranquillité, la sécurité et la salubrité ».

Il n'entre pas dans notre sujet de traiter de la tranquillité et de la sécurité des rues et des places publiques, dont la surveillance appartient au maire, sans qu'il soit utile de distinguer entre la grande et la petite voirie.

En ce qui concerne la salubrité, les pouvoirs du maire sont définis par l'article 97, N° 6, de la loi du 5 avril 1884, ainsi conçu :

« La police municipale comprend :

... 6° Le soin de prévenir, par des précautions convenables, et celui de faire cesser, par la distribution des secours nécessaires, les accidents et les fléaux calamiteux, tels que les incendies, les inondations, les maladies épidémiques ou contagieuses, les épizooties, en provoquant, s'il y a lieu, l'intervention de l'administration supérieure. »

Sans vouloir entrer dans l'étude de ce texte, il nous suffira de constater que les pouvoirs du maire sont assez étroitement limités par le respect du droit de propriété. C'est ainsi qu'il a été décidé que si le maire peut, par simple arrêté de police, dans un intérêt de salubrité publique, enjoindre aux propriétaires de faire exécuter des travaux d'assainissement, il ne peut prescrire un moyen exclusivement obligatoire de faire disparaître les causes d'insalubrité.

Pour terminer ce simple aperçu sur la législation relative à l'assainissement des villes, disons que la loi du 22 décembre 1888, qui a modifié la loi du 21 juin 1865, sur les associations syndicales, a élargi leur champ d'action, et dans l'énumération des travaux qui peuvent leur être concédés, mentionne : .....6° l'exécution et l'entretien des travaux d'assainissement dans les villes et faubourgs, villages et hameaux.

Nous passons brièvement sur ces diverses lois qui ne rentrent pas directement dans notre sujet : l'amélioration de l'habitation ouvrière. Ce n'est pas, d'ailleurs, dans des monuments législatifs qui se préoccupent, d'une manière générale ou incidente, de la salubrité publique que nous pourrons trouver, au mal que nous avons décrit, un remède suffisamment efficace. Ce n'est même pas dans les mesures de rigueur, prises contre les maisons insalubres, et qui, d'ailleurs, ne sont pas appliquées.

Alors même que le soin de veiller à l'hygiène publique serait enlevé au pouvoir municipal trop enclin à ménager sa clientèle électorale, pour être confié au pouvoir central plus indépendant, il n'en résulterait pas, croyons-nous, une amélioration sensible du logement ouvrier.

Le mal est, en effet, tellement général que partout, dans toutes les villes populeuses, dans toutes les cités industrielles, on retrouve les mêmes conditions lamentables de l'habitation pauvre. Il faut, de toute nécessité, que ces légions de travailleurs trouvent un abri, et ce n'est pas en fermant certaines maisons ou on en interdisant la location, que l'autorité, fut-elle municipale ou centrale, améliorera, d'une manière générale, l'état des demeures ouvrières.

Il faudra bien que les malheureux, chassés de leur taudis, échangent leur prison contre une autre, plus inhabitable peut-être, et le premier résultat de l'intervention administrative sera un encombrement plus grave encore.

Pour atteindre le but que nous poursuivons : l'amélioration de l'habitation pauvre, il faut non seulement faire une guerre directe aux logements malsains, en usant contre leurs propriétaires de mesures répressives, il faut aussi lutter contre eux indirectement, en établissant, dans la question de l'habitation, les effets bienfaisants de la concurrence.

Il faut, en un mot, construire des maisons suivant les règles de l'hygiène, et les louer à un prix qui, tout en donnant au capital un intérêt suffisant, soit porportionné aux ressources de ceux à qui ces maisons sont destinées.

Le résultat sera double : par la construction de ces demeures, non seulement on répondra aux aspirations des ouvriers qui y seront logés, mais encore, indirectement, les maisons avoisinantes subiront des transformations heureuses, sous l'influence de la concurrence qui leur sera faite.

Ce problème de la construction d'habitations salubres et à bon marché a été résolument abordé, en 1894, par le législateur français. Nous nous proposons, dans le titre 2me de cette première partie, d'étudier la loi du 30 novembre 1894, à laquelle nous venons de faire allusion.

TITRE II

Etude de la loi du 30 Novembre 1894, relative aux habitations à bon marché.

NOTIONS GÉNÉRALES

Tandis que la loi du 13 avril 1850 avait pour but l'assainissement des logements existants, la loi du 30 novembre 1894 se propose de favoriser la construction d'habitations nouvelles, d'après les meilleures conditions d'hygiène et d'économie. De plus — et c'est surtout par ce but qu'elle se recommande à l'attention — elle veut faciliter à l'ouvrier l'accession à la propriété de sa maison.

D'abord, pour arracher l'ouvrier du bouge où il est trop souvent obligé de vivre, le législateur a voulu mettre à sa disposition des logements construits d'après les règles de l'hygiène moderne.

Sans doute, ce but n'apparaît pas dans le titre même de la loi, simplement intitulée « Loi relative aux habitations à bon marché », mais la préoccupation du législateur est nettement indiquée dès l'article 1, ainsi conçu : « Ces comités ont pour mission d'encourager la construc-» tion de maisons salubres... »

Il se propose en outre de protéger l'ouvrier contre les spéculateurs sans scrupule qui prélèvent sur son salaire un loyer exorbitant.

Pour atteindre ce résultat, le législateur provoque la création de maisons-modèles louées à des prix modiques, lesquelles entraîneront une baisse des loyers dans leur voisinage ; l'ouvrier qui ne pourra profiter directement des avantages de la loi, en retirera quand même un bénéfice indirect.

Mais, si nos représentants avaient borné là leurs préoccupations, leur œuvre, semble-t-il, eût été imparfaite. Sans doute, c'était beaucoup d'avoir délivré l'ouvrier de son taudis, et rendu plus difficile son exploitation par d'avides intermédiaires, mais il fallait faire plus encore ; il était nécessaire que la maison du travailleur lui appartînt en propre, pour exercer sur lui l'influence moralisatrice du foyer, qui retient le père au milieu de sa famille et qui lui donne le goût de la propriété.

C'est ce but si élevé qu'a tenté le législateur de 1894 : but moral et préoccupation politique. Quand chaque ouvrier sera propriétaire de sa maison, le règne sera fini des faiseurs de sophismes qui parcourent nos villes et nos campagnes en prêchant l'expropriation universelle.

Pour stimuler le zèle de l'ouvrier, il est encore indispensable de lui donner l'assurance qu'à sa mort, son bien serait transmis à ses enfants, et que le fruit de son travail et de ses économies n'irait pas grossir le tribut que prélève le fisc sur chaque mutation d'immeuble.

C'est dans cette intention que le législateur de 1894 a porté une grave atteinte aux règles admises par notre Code civil en matière successorale ; grave surtout en ce qu'elle semble être la première victoire juridique de toute une pléïade d'économistes qui, à la suite de Le Play, voient dans nos vieilles règles successorales un élément de désorganisation pour la famille et pour la société.

Il importe donc d'examiner en détail cette loi du 30 Novembre 1894, à tous égards si intéressante, et cependant si peu connue.

CHAPITRE I

Des conditions requises pour l'application de la loi.

La loi du 30 novembre 1894, accordant des avantages importants, et notamment des immunités fiscales aux constructeurs de maisons bâties dans des conditions déterminées, il est nécessaire d'étudier ces conditions en l'absence desquelles la loi ne saurait recevoir d'application.

Le législateur avait le choix entre deux partis : ou bien exiger certaines conditions des personnes qui habiteraient la maison, ou au contraire s'attacher uniquement à la maison elle-même, sans se préoccuper des occupants.

C'est surtout à ce second parti qu'il s'est arrêté ; cependant comme nous le verrons, il n'a pas absolument négligé le premier. Étudions successivement la part qu'il a faite à ces deux conceptions.

1° Conditions exigées des personnes habitant la maison. — Le projet de loi de M. Siegfried était relatif aux « habitations ouvrières ». La Commission du Sénat proposa de changer ce titre pour les motifs suivants, exposés par le rapporteur, M. Diancourt :

« Nous vous proposons de changer le titre même de la loi qui, d'après ses auteurs, visait les habitations ouvrières, qualification qui, en dehors des idées de castes et de classes qu'elle rappelle, s'applique mal à un texte qui, d'après les termes mêmes de l'article 1er, a trait aux habitations salubres et à bon marché, destinées aux employés, artisans et ouvriers. De ce titre, nous croyons ne devoir retenir que la désignation la plus générale, sans faire mention des destinataires. Nous vous proposons de donner à l'ensemble des dispositions qui vont suivre, le nom de *loi sur les habitations à bon marché* ».

La proposition de M. Siegfried visait uniquement « les maisons salubres et à bon marché, destinées à être louées aux employés, artisans, ouvriers industriels et agricoles, etc..... »

Elle était donc spéciale à certaines catégories d'individus, et ne pouvait s'appliquer, comme le fit remarquer, avec raison, M. Buffet, à des personnes dignes, au même titre de la sollicitude du législateur, telles, par exemple, les veuves d'ouvriers, les militaires retraités, les anciens ouvriers, etc... Les observations de M. Buffet amenèrent le rapporteur à déclarer que, dans sa pensée, la loi devrait profiter à toutes personnes se trouvant dans une situation analogue à celle des ouvriers vivant de leur salaire, de leur travail ; qu'en un mot, l'énumération que critiquait M. Buffet était énonciative et non pas limitative

La seule condition indispensable exigée des personnes appelées à jouir du bénéfice de la loi est que « ces personnes ne soient propriétaires d'aucune autre maison » (article 1er).

Cette restriction est très naturelle. Si un individu,

déjà propriétaire, invoque la faveur de la loi, on peut lui dire, avec M. Buffet, d'aller habiter chez lui.

2° *Conditions exigées des habitations.* — L'article 5 indique les habitations qui, à l'exclusion de toutes autres, bénéficient de la loi de 1894. Il est ainsi conçu :

« Les avantages concédés par la présente loi s'appliquent exclusivement :

» En ce qui concerne les maisons individuelles, destinées à être acquises par les personnes visées à l'article 1er, ou construites par elles, aux immeubles dont le revenu net imposable à la contribution foncière, déterminé conformément à l'article 5 de la loi du 8 août 1890, ne dépasse pas de plus d'un dixième :

Dans les communes au-dessous de 1.000 habitants .	90 frs.
— de 1.001 à 5.000 —	140 »
— de 5.001 à 30.000 —	170 »
— de 30.001 à 200.000 et dans celles qui sont situées dans un rayon de 40 kilomètres autour de Paris.	220 »
Dans les communes de 200.001 et au-dessus . .	300 »
A Paris	375 »

En ce qui a trait aux maisons individuelles ou collectives destinées à être louées, à celles dont le revenu net imposable, pour leur intégralité ou pour chacun des logements les composant et destinés à être loués séparément, ne comporte pas un chiffre supérieur à ceux qui sont indiqués ci-dessus pour chaque catégorie de communes. »

Le principal mérite de cet article 5 n'est certainement pas la précision ni la clarté.

Reportons-nous à la loi du 8 août 1890, article 5. Nous y voyons ce qu'il faut entendre par cette expression : le revenu net imposable à la contribution foncière. C'est la valeur locative diminuée d'un quart pour les maisons et d'un tiers pour les usines.

Il faut, en outre, tenir compte de la tolérance du dixième, introduite par le Sénat.

Le chiffres cités ci-dessus doivent donc se ramener aux suivants, donnés par l'article 50 du règlement du 21 septembre 1895.

Dans les communes au-dessous de 1.000 habitants .	132 frs.
— de 1.001 à 5.000 —	220 »
— de 5.001 à 30.000 —	250 »
— de 30.001 à 200.000 et dans celles qui sont situées dans un rayon de 40 kilomètres autour de Paris.	323 »
Dans les communes de 200.001 habitants et au-dessus	440 frs.
A Paris	550 »

En capitalisant au taux de 6 % ce revenu maximum, on obtient le prix total que la maison ne doit pas dépasser pour jouir des avantages de la loi de 1894.

Dans les communes au-dessous de 1.000 habitants, ce prix maximum est. .	2.200 frs.
— de 1.001 à 5.000 habit. —	3.660 »
— de 5.001 à 30.000 —	4.160 »

Dans les communes de 30.001 à 200.000 ou dans celles situées dans un rayon de 40 kil. autour de Paris, ce prix maximum est 5.600 »

Dans les communes de 200.001 et au dessus, ce prix maximum est . . . . 7.330 »

A Paris. 9.160 (1)

Telle n'était pas la seule difficulté soulevée par l'art. 5. Dès le début se posa la question suivante : Fallait-il ajouter au chiffre du loyer qui sert de base à la fixation du maximum, certaines charges généralement supportées par le propriétaire, ou qu'une clause spéciale du bail met à la charge du locataire, telles par exemple que les frais de voirie, de salubrité ou d'assurance contre l'incendie?

La négative semblait évidente puisque l'article 5 ne fait pas mention de ces charges accessoires. Cependant, tel ne fut pas l'avis du Conseil d'Etat.

L'article 50 du réglement d'administration publique du 21 septembre 1895, réserve, en effet, le bénéfice de la loi aux maisons « dont la valeur locative, augmentée des charges incombant au propriétaire et mises par le bail au compte du locataire, ne comportera pas des chiffres supérieurs » à ceux que nous avons fixés plus haut.

---

(1) Au point de la détermination de la valeur locative, l'Administration des contributions directes soutient, par interprétation littérale de l'article 5, que cette valeur doit être fixée non d'après le chiffre du loyer, mais par comparaison avec la valeur locative habituelle dans la localité où l'immeuble est situé. Cette interprétation est formellement combattue par le Conseil supérieur des habitations à bon marché (Rapport de M. Challamel à la séance du 5 avril 1899, *Journal officiel* du 19 mai 1899, p. 3282). — La question est actuellement pendante devant le Conseil de préfecture de Seine-et-Oise.

Cette interprétation peu libérale restreignait la portée de la loi et privait de ses faveurs des sociétés de constructions que le législateur avait voulu certainement encourager.

De là des plaintes nombreuses dont s'émut le Comité supérieur des habitations à bon marché. Il fit ressortir que les sociétés de construction, pour jouir quand même des bienfaits de la loi, feraient peser directement sur les locataires les charges accessoires, en ne les comprenant pas dans le calcul de l'annuité.

Or, les locatairss les négligeront le plus souvent et les habitations nouvelles ne rempliront pas ainsi l'un des buts du législateur, qui a voulu assurer à l'ouvrier le logement salubre.

C'est pour remédier aux inconvénients de l'interprétation du Conseil d'Etat, que fut votée la loi du 31 mars 1896, dont l'article 2 est ainsi conçu : « Pour la détermination des revenus qui servent à l'application de l'article 5 de la loi du 30 novembre 1894, ne seront pas comprises dans la valeur locative des immeubles, les charges de salubrité (eau, etc...), et d'assurance contre l'incendie ou sur la vie, dont le propriétaire fait l'avance et qu'il recouvre en les mettant, par le bail, au compte du locataire ».

*
* *

Les deux seules conditions exigées pour qu'une construction jouisse des avantages de la loi de 1894 sont donc celles-ci :

1° Il faut que la personne qui possède la maison ne soit propriétaire d'aucune autre maison;

2° Il faut que la valeur de cette maison ne dépasse pas certains maxima fixés d'après la population de la commune.

Ces deux conditions sont suffisantes, mais elles sont nécessaires.

CHAPITRE II

Comités institués par la loi du 30 novembre 1894

Pour atteindre le but qu'il se proposait, le législateur de 1894 pouvait soit faire appel à l'intervention directe de l'Etat, soit s'adresser à l'initiative privée. C'est à ce dernier système qu'il s'est arrêté.

L'Etat doit borner son rôle à susciter et à encourager les bonnes volontés individuelles. Réglementer et seconder l'initiative particulière, voilà sa raison d'être en cette matière.

La loi de 1894 crée deux sortes d'institutions : des comités locaux dans les départements, et à Paris un conseil supérieur des habitations à bon marché.

Nous étudierons successivement ces deux organes.

I. — Les comités locaux

L'article 1er est ainsi conçu : « Il pourra être établi dans chaque département un ou plusieurs comités des habitations à bon marché. »

La création de ces comités locaux n'est donc pas obligatoire, elle est laissée à l'appréciation du pouvoir exécutif.

Cette disposition est sage : il était inutile d'adopter une organisation uniforme pour les divers départements. Si le besoin de ces comités se fait vivement sentir dans les grands centres industriels, leur action est moins nécessaire dans les régions agricoles. C'est donc au gouvernement qu'il appartient d'apprécier dans quels départements s'impose l'institution d'un comité local.

Quelle est la composition de cet organe, quel est son mode de fonctionnement ? L'article 4 nous renseigne sur ces points :

« Ces comités sont institués par décret du Président de la République, après avis du Conseil général et du Conseil supérieur des habitations à bon marché. Le même décret détdrmine l'étendue de leur circonscription et fixe le nombre de leurs membres dans la limite de 9 au moins et de 12 au plus. Le tiers des membres du comité est nommé par le Conseil général qui le choisit parmi les conseillers généraux, les maires et les membres des chambres de commerce ou des chambres consultatives des arts et manufactures de la circonscription du Comité.

Les deux autres tiers sont nommés par le Préfet, l'un parmi les personnes spécialement versées dans les questions d'hygiène, de construction et d'économie sociale ; l'autre parmi les membres des sociétés de construction d'habitations à bon marché, des sociétés mutuelles de prévoyance et d'épargne et des syndicats professionnels institués conformément à la loi.

Ces comités ainsi constitués font leur réglement, qui

est soumis à l'approbation du Préfet. Ils désignent leur président et leur secrétaire. Ce dernier peut être pris en dehors du comité.

Ces comités sont nommés pour trois ans.

Leur mandat peut être renouvelé. »

Le nombre des membres de chaque comité varie donc de 9 à 12, suivant l'étendue de la circonscription et le nombre d'hommes compétents qu'elle possède.

Leur mode de nomination a fait au Sénat l'objet de longues discussions. D'après le texte voté sans débat par la Chambre des Députés, le comité devait comprendre de 6 à 18 membres. Un tiers en était choisi par le Conseil général, un tiers par le préfet, parmi les hommes compétents, et l'autre tiers était élu par le président ou le délégué des syndicats professionnels et d'autres sociétés que l'article désignait.

La Commission du Sénat avait proposé de fixer le nombre des membres de 9 à 12 et de les faire tous nommer par le préfet.

Devant le Sénat, en première délibération, M. Blavier avait repris, à titre d'amendement, le texte voté par la Chambre. Le Sénat le repoussa. (Séance du 12 Décembre 1893, *Journal officiel* du 13, débats parlementaire, page 1419).

Lors de la deuxième délibération, M. Buffet critiqua l'article d'abord voté par le Sénat, parceque ce texte excluait des comités tout élément électif. Sur ses observations, l'article fut renvoyé à la Commission qui, à la séance du 8 novembre 1894, proposa le texte qui fut définitivement adopté, malgré de nouvelles critiques de M. Buffet.

La durée du mandat des membres des comités avait été fixée à quatre ans par la Chambre, qui avait statué ainsi qu'il suit sur leur renouvellement. « Le renouvellement a lieu par moitié tous les deux ans. A la première réunion du comité, l'ordre de sortie pour chacun des trois éléments dont il se compose est réglé par voie de tirage au sort. Les membres sortants peuvent être renommés. »

Cette disposition non reproduite par la Commission du Sénat fut rejetée par la Chambre Haute, malgré l'intervention de M. Blavier. (Séance du 12 Décembre 1893, *Journal officiel* du 13, débats parlementaires, page 1419).

En seconde délibération, M. Buffet demanda sans succès le renouvellement des comités tous les deux ans.

La durée du mandat des membres des comités fut définitivement fixée par le Sénat à trois ans, afin d'éviter la question du renouvellement par moitié.

Ces comités, ainsi constitués, font eux-mêmes leur réglement intérieur. Toutefois, la loi de 1894 et surtout le réglement du 21 septembre 1895, ne leur laissent pas en cette matière une absolue liberté.

C'est ainsi que le comité se réunit sur convocation du président, quand les besoins l'exigent ou lorsque trois membres le demandent par écrit. Il doit se réunir au moins une fois par trimestre. A défaut de convocation pendant plus de six mois, le Préfet devra le convoquer.

Tout membre qui s'abstiendra de se rendre à trois convocations successives, sans motif reconnu légitime, sera déclaré démissionnaire par le Préfet (art 4 du réglement du 21 septembre 1895).

Le comité délibère valablement lorsque la moitié plus un des membres qui le composent sont présents. Les délibérations sont prises à la majorité absolue des votants. S'il y a partage, la voix du président est prépondérante. En cas de vacance provenant de démission ou de décès, il y est pourvu, selon les catégories, par le Préfet, dans un délai de trois mois, et par le Conseil général, dans la session qui suivra (article 3 *ibidem*).

En cas de démission simultanée de plus de la moitié des membres du comité, le Conseil supérieur, saisi par un rapport du Préfet au ministre, émettra son avis sur la reconstitution ou la dissolution du comité. Il en sera de même si, après deux convocations successives, la seconde par lettre recommandée, le comité ne se trouvait pas en nombre pour délibérer, ou s'il commettait des abus graves dans l'exercice de ses fonctions (article 8 *ibidem*).

La dissolution est prononcée par décret du Président de la République. En ce cas, l'actif après liquidation pourra être dévolu, sur avis du Conseil supérieur, aux sociétés de construction des habitations à bon marché, aux associations de prévoyance, et aux Bureaux de bienfaisance de la circonscription (art. 8 *ibidem* combiné avec l'art. 2 § 4 de la loi du 30 novembre 1894).

Après avoir étudié la composition de ces comités, il nous reste à examiner leurs attributions. Il semble que, dans la pensée du législateur, leur rôle devrait être surtout moral. « Ils ont pour mission d'encourager la construction de maisons, etc .. (art. 1 § 2). »

Cette idée ressort aussi du rapport de M. Siegfried qui, après avoir insisté sur l'importance de la question, ajoute « L'existence d'un comité officiel appuyant l'idée, la faisant sienne, la divulguant par les mille moyens dont dispose un corps légalement constitué, sera un moyen d'action des plus efficaces (1). »

La mission de ces organes locaux est donc toute de propagande : par des conférences, des brochures, ils doivent faire connaître aux intéressés les bénéfices qu'ils pourraient retirer de la loi de 1894, si peu connue.

L'article 2, § 3, ajoute : « ils peuvent faire des enquêtes, ouvrir des concours d'architecture, distribuer des prix d'ordre et de propreté, accorder des encouragements pécuniaires, et plus généralement employer les moyens de nature à provoquer l'initiative en faveur de la construction et de l'amélioration des maisons à bon marché. »

Tels sont quelques-uns des moyens que la loi considère comme les plus efficaces pour atteindre le but proposé aux comités.

L'enquête révèle à l'enquêteur la gravité du mal et

---

(1) *Journal officiel*, 1893, Doc., p. 534.

l'urgence de la réforme ; elle détermine en lui des convictions profondes. Elle le met en présence des réalités poignantes de la vie, elle le fait compatir à l'infortune de ceux qui passent dans le taudis une vie misérable, elle donne à la cause du logement populaire non seulement un ami, mais souvent un apôtre.

En outre, l'enquête fournit les données statistiques, sans lesquelles les efforts les plus louables risqueraient de rester confus ou incohérents : il serait dangereux de se mettre à l'œuvre en cédant à cette impulsion subite du cœur qu'excite la vue rapide du mal.

L'enquête c'est la science mise au service du cœur : on ne saurait trop le recommander à la sollicitude des comités locaux.

Quant aux concours d'architecture, ils attireront sur les habitations ouvrières l'attention d'ingénieurs habiles qui jadis réservaient aux favorisés de la fortune toutes les ressources de leur art ; les prix d'ordre et de propreté seront d'excellents moyens d'arriver à l'assainissement toujours plus parfait des maisons construites ; les encouragements pécuniaires, sous forme de livrets de caisse d'épargne, par exemple, agiront, vis-à-vis des bénéficiaires, comme un stimulant efficace.

L'énumération de l'article 2 n'est pas limitative : la loi laisse aux comités locaux, l'initiative la plus complète ; ils doivent être des guides, éclairant les bonnes volontés ignorantes ou dispersées, secouant la torpeur, éveillant et entrenant la vie locale : il faut qu'ils soient des foyers d'action et de propagande.

Malheureusement, bien peu nombreux sont les comités qui ont compris la beauté du rôle qu'ils pouvaient jouer : la vie du plus grand nombre est languissante. Les rapports annuels du Conseil supérieur constatent et déplorent leur inactivité.

L'article 8 de la loi de 1894 leur donne, enfin, une dernière attribution. Nous verrons, en étudiant ce texte, qu'il institue un mode particulier de partage si le père, venant à mourir, laisse à ses héritiers une maison remplissant les conditions exigées par la loi de 1894. La licitation de cette maison n'est plns obligatoire, comme elle l'eût été avant le vote de la loi : on lui substitue l'attribution sur estimation. Eh bien ! s'il y a contestation sur l'estimatiou de la maison, cette estimation est faite par le comité des habitations à bon marché et homologuée par le juge de paix (art. 8).

Tels sont les différents rôles de cet organe local. Pour remplir avec fruit la mission dont il est chargé, il a besoin de ressources. La loi y a pourvu. L'article 3 règle et limite les dépenses du comité, lesquelles pourront être mises à la charge du budget départemental. Ce sont : 1° les frais de local et de bureau. Ces frais seront nécessairement très minimes, puisque les comités ne se réunissent qu'à de lointaius intervalles et qu'ils peuvent toujours avoir à leur disposition une salle de la préfecture ou de la mairie ;

2° L'allocation au secrétaire du comité, proportionnée au travail qu'on exigera de lui ;

3° Les jetons de présence qui pourront être alloués, à titre d'indemnité de déplacement, aux membres n'habitant pas la localité où se tiendraient les réunions.

Ce sont là les dépenses ordinaires. Si leurs travaux exigent des ressources plus considérables, les comités peuvent recevoir des subventions de l'État, des départements et des communes, ainsi que des dons et legs, aux conditions prescrites par l'article 910 du Code civil, pour les établissements d'utilité publique (art. 2) ; c'est-à-dire que l'autorisation par décret sera nécessaire.

Ce texte confère aux comités la personnalité civile. Toutefois, ajoute l'article 2, ils ne peuvent posséder d'autres immeubles que celui qui est nécessaire à leur réunion.

Cette restriction, qui provient de la haine séculaire du législateur pour la main-morte, permet de répondre à une question qu'on s'est souvent posée. « Les comités peuvent-ils bâtir pour leur propre compte des habitations remplissant les conditions exigées par la loi de 1894 et bénéficier ainsi des faveurs de cette loi ? »

A cette question, il faut évidemment répondre par la négative, puisque les comités ne peuvent posséder d'autres immeubles que celui qui leur sert de lieu de réunion.

En somme, malgré les critiques de M. Buffet, qui appelait ces comités de simples commissions administratives, et qui leur reprochait d'étouffer les initiatives individuelles, la création de ces organes locaux fut une heureuse innovation. Ils peuvent être pour les constructeurs d'habitations des protecteurs influents, des tuteurs indispensables qui les guideront dans leurs entreprises et leur éviteront les écueils où ils pourraient sombrer.

Au 31 décembre 1900, il existait 93 comités répartis entre 52 départements (1).

II. — Le Conseil supérieur des habitations à bon marché

L'œuvre des comités locaux eût été entravée si la loi de 1894 n'avait créé un organe supérieur destiné à centraliser les rapports, à résoudre les difficultés soulevées par la loi nouvelle, à recueillir les plaintes et à leur chercher une solution.

Tel est le rôle du Conseil supérieur, créé par l'article 14 de la loi de 1894. « C'est à lui que doivent être soumis tous les règlements à faire en vertu de la présente loi, et, d'une façon générale, toutes les questions concernant les logements économiques. Les comités locaux lui adresseront chaque année, dans le courant de janvier, un rapport détaillé sur leurs travaux. Le Conseil supérieur en donnera le résumé, avec ses observations, dans un rapport d'ensemble adressé au Président de la République. »

L'article 15 laisse à un règlement d'administration publique le soin de déterminer l'organisation et le fonc-

---

(1) Rapport de M. Challamel, *Journal officiel* du 24 avril 1901, p. 2692.

tionnement du Conseil supérieur. Ce règlement parut le 20 février 1895.

L'assemblée se compose de 40 membres, dont 6 membres de droit et 34 membres nommés par le ministre du commerce. L'énumération de ces personnages n'ayant aucun intérêt, nous nous contenterons de quelques mots sur le fonctionnement du Conseil supérieur.

Il est présidé par le ministre, qui désigne, parmi les membres, deux vice-présidents. Les deux premiers vice-présidents furent M. Jules Simon, qui avait fait avec tant de cœur le tableau pitoyable des logements parisiens, dans son beau livre l'*Ouvrière*, et M. Siegfried, le promoteur de la loi de 1894.

L'article 5 du décret du 20 février 1895 institue un comité permanent de 10 membres choisis dans le sein du Conseil, qui se réunit toutes les fois que l'exigent les besoins du service. Il délibère sur les affaires d'importance secondaire et instruit les questions à soumettre au Conseil supérieur. Celui-ci tient au moins une séance annuelle, dans les trois premiers mois de chaque année (article 4).

CHAPITRE III

Avantages fiscaux accordés par la loi du 30 novembre 1894.

Les avantages fiscaux accordés par la loi de 1894 sont de deux sortes :

Les uns profitent à toute habitation remplissant les conditions requises. Ce sont des exonérations d'impôt réelles.

Les autres ne s'appliquent qu'à certaines sociétés de construction ou de crédit. Ce sont des exonérations d'impôt personnelles.

Etudions-les successivement.

I. — Exonérations d'impot réelles

Elles peuvent se rattacher à deux chefs : les unes sont relatives aux contributions directes ; les autres aux droits de mutation.

1° *Contributions directes.* — L'article 9 est ainsi conçu : « Sont affranchies des contributions foncières et des portes et fenêtres les maisons individuelles ou collectives destinées à être louées ou vendues, et celles qui sont construites par les intéressés eux-mêmes, pourvu qu'elles réunissent les conditions exigées par les art. 1 et 5. Cette exemption sera annuelle et d'une durée de cinq années à partir de l'achèvement de la maison. Elle cesserait de plein droit si, par suite de transformations ou d'agrandissements, l'immeuble perdait le caractère d'une habitation à bon marché et acquérait une valeur sensiblement supérieure au maximum légal ».

Il faut remarquer qu'en ce qui concerne l'impôt foncier, la loi de 1894 ne donne pas, en réalité, un privilège nouveau : elle prolonge seulement de trois ans la faveur accordée par la loi du 3 frimaire an VII, qui décide que toute habitation nouvelle est exempte de la contribution foncière pendant les deux premières années.

Cette exemption d'impôt souleva une longue discussion au Sénat. Dans le projet voté par la Chambre, ces immunités fiscales étaient établies pour dix ans et pouvaient être réclamées en faveur des habitations construites avant la promulgation de la loi, mais elles ne profitaient qu'aux ouvriers et employés.

L'application de l'article 9 était ainsi forcément restreinte. Mais le Sénat ayant décidé, sur les instances de M. Buffet, que la loi s'appliquerait à toutes personnes habitant une maison qui remplissait les conditions exigées, l'exemption d'impôts pendant une période aussi longue pouvait présenter, pour nos finances, de redoutables conséquences.

En effet, l'article 9, tel que l'avait voté la Chambre, entraînait une perte d'impôt en principal de 665.928 fr. pour l'impôt foncier, et de 809.370 fr. pour l'impôt des portes et fenêtres, soit un total de 1.475.000 fr. environ.

M. Poincaré, ministre des finances, exposa ses craintes au Sénat, qui renvoya l'article 9 à la Commission spéciale et à la Commission des finances (1),

C'est alors que la Commission spéciale apporta au texte primitif deux modifications qui donnèrent satisfaction au Sénat.

D'abord, elle réduisit à cinq années la durée de l'exemption, primitivement fixée à dix ans. Puis, elle consentit à ne pas donner à cette disposition un effet rétroactif, c'est-à-dire à ne pas l'étendre aux constructions élevées avant la promulgation de la loi.

Ainsi modifié, l'article 9 n'entraînait pour le Trésor qu'une diminution d'impôts de 294.723 fr. pour l'impôt foncier, et 405.677 fr. pour l'impôt des portes et fenêtres, soit au total 650.400 fr.

Même ainsi remanié, ce texte ne contentait pas encore M. Buffet, qui demanda la suppression pure et simple de l'article 9 et, subsidiairement, réclama pour les habitations construites antérieurement le bénéfice de l'exonération.

Mais le Sénat passa outre et se rangea à l'avis de la Commission.

Pour être admis à jouir du bénéfice de la loi, l'intéressé doit produire dans les formes et les délais fixés par l'art. 9, § 3 de la loi du 8 août 1890, une demande qui

(1) Séance du 8 novembre 1894.

est instruite et jugée comme les réclamations pour décharge ou réduction de contributions directes (1).

Cette demande peut être formulée dans la déclaration exigée par le même article de ladite loi, de tout propriétaire ayant l'intention d'élever une construction passible de l'impôt foncier. C'est-à-dire que pour jouir de l'exemption, le propriétaire devra faire à la mairie de la commune où sera élevé le bâtiment passible de la contribution, et dans les quatre mois à partir de l'ouverture des travaux, une déclaration indiquant la nature du bâtiment, sa destination et la désignation, d'après les documents cadastraux, du terrain sur lequel il doit être construit (art. 9, § 3 de la loi du 8 août 1890).

L'art. 9, § 4 de la loi du 30 novembre 1894 est ainsi conçu : « Les parties des bâtiments dont il est question au présent article, destinées à l'habitation personnelle, donneront lieu, conformément à l'art. 2 de la loi du 4 août 1844, à l'augmentation du contingent départemental dans la contribution personnelle-mobilière, à raison du vingtième de leur valeur locative réelle, à dater de la troisième année de l'achèvement du bâtiment, comme si

(1) L'article 55 du règlement du 21 septembre 1895 ajoute que cette demande doit contenir la déclaration que la maison qui en fait l'objet est destinée à être occupée par une personne n'étant propriétaire d'aucune maison. Mais l'omission de cette déclaration non prescrite à peine de nullité, et que le pouvoir réglementaire ne pouvait valablement imposer, n'entraîne pas déchéance du droit (Cons. préfect. Seine, 13 mai 1898. — Odelin, rapporté dans la brochure : *Documents à consulter*, publiée par la *Société française des habitations à bon marché*).

ces bâtiments ne jouissaient que de l'immunité ordinaire d'impôt foncier accordée par l'art. 88 de la loi du 3 frimaire an VII, aux maisons nouvellement construites ou reconstruites ».

Ce paragraphe, comme le fit remarquer au Sénat M. Trarieux est pour ainsi dire inutile, en ce sens qu'il ne consacre pas une nouvelle immunité fiscale, il signifie simplement que l'exemption de cinq ans accordée aux maisons désignées dans le projet de loi ne porte aucune atteinte au recouvrement de la contribution personnelle-mobilière. En un mot, ce paragraphe a pour but de limiter strictement à l'impôt foncier et à l'impôt des portes et fenêtres les exonérations consenties par la loi de 1894. Pour les autres charges fiscales, les habitations ouvrières rentrent dans le droit commun.

2° *Droit de mutation.* — Les mesures de faveur consenties par l'Enregistrement, en matière de mutation, visent : d'une part, les ventes, et, d'autre part, les résolutions de vente de maisons individuelles.

En ce qui concerne le montant des droits de mutation, les habitations à bon marché ne bénéficient d'aucune diminution. En vain, M. Siegfried demandait-il en leur faveur une réduction de 50 % des droits. Le Parlement refusa de le suivre dans cette voie, et c'est en termes formels qu'il manifesta son refus. Voici, en effet, ce que dit l'article 10, § 1 : « Les actes constatant la vente de maisons individuelles à bon marché, sont soumis aux droits de mutation établis par les lois en vigueur. »

En quoi consiste donc la faveur accordée par la loi de 1894? Elle consiste dans le paiement des droits par annuités.

Alors que le plus souvent, l'ouvrier ne peut payer le prix de sa maison que par fractions, il eût été rigoureux d'exiger de lui, en une seule fois, la totalité des droits de mutation. Or, ces droits, l'Enregistrement pouvait les exiger lors du versement de la première annuité, aussitôt que s'était manifestée l'intention d'acheter. Car « la promesse de vente vaut vente, lorsqu'il y a consentement réciproque des deux parties sur la chose et le prix » (Code civil, art. 1589).

C'est cette prétention exorbitante de l'Enregistrement que le législateur a voulu rendre impossible. De là l'article 10 § 2. « Toutefois, lorsque le prix aura été stipulé payable par annuités, la perception du droit de mutation pourra, sur la demande des parties, être effectuée en plusieurs fractions égales, sans que le nombre de ces fractions puisse excéder celui des annuités prévues au contrat ni être supérieur à cinq ».

A l'appui de leur demande de fractionnement du droit, les parties doivent justifier : 1° de la qualité de l'acquéreur, c'est-à-dire qu'elles doivent faire attester que l'acquéreur n'était jusqu'à ce jour propriétaire d'aucune maison ;

2° Du caractère de l'immeuble vendu. — Ces deux justifications sont faites au moyen de deux certificats du Maire de la commune de la situation. Le second doit attester « que l'immeuble a été reconnu exempt de l'impôt foncier, par application des articles 5 et 9, ou que tout au moins, une demande d'exemption a été formée dans les conditions prévues par ces articles. Ces deux certificats sont délivrés sans frais, chacun en double original, dont l'un sera annexé au contrat de vente, et l'autre déposé au bureau de l'Enregistrement, lors de l'accomplissement de la formalité ». (article 10 § 2).

Le paiement de la première fraction du droit aura lieu au moment où le contrat sera enregistré, les autres fractions seront exigibles d'année en année et seront acquittées dans le trimestre qui suivra l'échéance de chaque année, de manière que la totalité du droit soit acquittée dans l'espace de quatre ans et trois mois au maximum à partir du jour de l'enregistrement du contrat (art. 10, § 3).

Si la demande d'exemption d'impôt foncier qui a motivé le fractionnement de la perception vient à être définitivement rejetée, les droits non encore acquittés seront immédiatement recouvrés (art. 10, § 4).

Dans le cas où, par anticipation, l'acquéreur se libérerait entièrement du prix avant le paiement intégral du droit, la portion restant due deviendrait exigible dans les trois mois du règlement définitif. Les droits seront dus solidairement par l'acquéreur et par le vendeur (art 10, § 5). Cette disposition est sage : le fractionnement du droit de mutation ne se comprend que si l'acquittement du prix est lui-même différé.

Voilà en quoi consiste la mesure de faveur concernant les ventes, qui est accordée par la loi de 1894. Elle se réduit, en somme, à bien peu de chose, puisqu'elle n'a trait qu'au mode de paiement des droits de mutation, et non à leur montant.

La loi de 1894 renferme une disposition favorable relative aux résolutions de vente, qui apporte une dérogation plus importante aux règles admises en matière de droits de mutation. La voici :

Il peut arriver que, par suite de maladie, de chômage, ou pour toute autre cause, l'ouvrier se voie dans l'obligation de suspendre le paiement des annuités. De là résolution de la vente, qui, en l'absence de règles particulières, aurait entraîné le paiement de nouveaux droits de mutation, égaux aux premiers, et mis à la charge de l'ouvrier. La loi de 1894 a voulu adoucir la rigueur de ce traitement. Aussi, l'article 10, § 7, décide-t-il que « la résolution volontaire ou judiciaire du contrat ne donnera ouverture qu'au droit fixe de 3 francs ».

Il n'est pas superflu de faire remarquer ici que la résolution volontaire pourrait résulter d'un accord frauduleux. Aussi, la régie a-t-elle déclaré, dans une instruction, que par résolution volontaire il faut entendre celle qui a pour cause un fait, tel que le défaut de paiement du prix, qui aurait été susceptible de servir de base à une résolution judiciaire. La disposition de l'article 10, § 7, ne saurait donc s'appliquer aux conventions amiables qui constitueraient de véritables rétrocessions Il en résulte, d'après l'instruction générale N° 2901, que la cause de la résolution doit être exprimée dans le contrat, et qu'à défaut d'indications suffisantes, les droits ordinaires devront être exigés.

Lorsque les parties ont profité de la faculté qu'elles avaient, de payer par fractions les droits, si la vente est résolue avant le paiement complet des droits, les termes acquittés ou échus depuis plus de trois mois demeureront acquis au Trésor ; les autres tomberont en non valeur (artᵗ 10, § 6 *in fine*).

Ici encore on peut regretter que le législateur ne se soit pas montré plus bienveillant envers l'acquéreur malheureux, que des circonstances, souvent indépendantes de sa volonté, ont empêché d'arriver à la propriété complète de sa maison. Il aurait pu, semble-t-il, ordonner la restitution des droits déjà payés.

Mais pour qui connaît la difficulté qu'éprouve l'Enregistrement à rembourser l'argent qu'il a perçu, il n'y a pas lieu de s'étonner si la loi n'a pas osé consacrer sur ce point le principe de la restitution.

II. — Exonérations d'impôts personnelles

Le but de la loi du 30 novembre 1894 étant d'encourager la construction de maisons salubres à bon marché, il était naturel que cette loi accordât des avantages aux sociétés qui se constitueraient pour atteindre le but poursuivi : sociétés de construction édifiant elles-mêmes des maisons à bon marché; sociétés de crédit qui, ne construisant pas elles-mêmes, ont pour objet de faciliter l'édification et l'achat de ces maisons. Peu importe que ces sociétés se soient fondées avant la promulgation de la loi et qu'elles n'aient été formées que postérieurement : toutes peuvent revendiquer le faveur de la loi. L'article 13, § 2, est très net sur ce point « Les sociétés actuellement existantes jouiront au même titre que celles qui se fonderont après la promulgation de la loi, des immunités qu'elle concède, à la condition de modifier leurs statuts, le cas échéant, conformément à ses prescriptions. »

Quelles sont donc les prescriptions imposées aux sociétés désireuses de profiter de la loi de 1894 ?

Elles sont édictées par l'article 11, § 2 : Il faut que les statuts de ces sociétés, approuvés par le Ministre du Commerce, sur l'avis du Conseil supérieur des habitations à bon marché, limitent leurs dividendes à un chiffre maximum.

Le règlement du 21 septembre 1895 a fixé à 4 % ce dividende qui ne doit pas être dépassé (art. 9) (1).

---

(1) L'article 11 de la loi du 30 novembre 1894 et l'article 9 du règlement du 21 septembre 1895 ne sont applicables qu'aux sociétés ayant pour objet exclusif la construction de maisons à bon marché, et aux sociétés de crédit ayant pour objet de faciliter l'achat ou la construction de ces maisons.

En conséquence, une société qui ne rentre pas dans la catégorie de celles qui sont indiquées ci-dessus, et qui a fait construire des maisons destinées à être louées à des personnes n'étant propriétaires d'aucune maison et dont le revenu ne dépasse pas le chiffre fixé par l'article 5 de la loi, n'est pas tenue, pour obtenir l'exemption temporaire d'impôt foncier prévue par l'article 9, de

En outre, pour obtenir l'autorisation ministérielle, le même article 9 du règlement exige que ces sociétés indiquent dans leurs statuts :

1° Qu'elles ont pour objet exclusif, soit de procurer l'acquisition d'habitations salubres à bon marché, à des personnes qui ne sont déjà propriétaires d'aucune maison, soit de mettre en location des habitations de cette nature, soit d'améliorer les habitations déjà existantes ;

2° Que, dans les six mois qui suivent la clôture de chaque exercice, le compte rendu de l'assemblée générale de la société, accompagné du bilan, sera adressé par l'intermédiaire du préfet, au Ministre du Commerce, pour être soumis au comité permanent ;

3° Que, lors de l'expiration de la société ou en cas de dissolution anticipée, l'assemblée générale appelée à statuer sur la liquidation ne pourra attribuer l'actif qui resterait après paiement du passif et remboursement du capital-actions versé, qu'à une société constituée conformément aux prescriptions de la loi du 30 novembre 1894, la délibération dont il s'agit devant être approuvée par le Ministre, sur l'avis du Conseil supérieur.

Cette dernière disposition, qui témoignait d'une singulière méfiance à l'égard des capitalistes disposés à entrer dans des sociétés spécialement encouragées par la loi,

---

remplir les conditions exigées par l'article 11 de la loi et par l'article 9 du règlement, c'est-à-dire de soumettre ses statuts à l'approbation du Ministre et de limiter ses dividendes à un maximum de 4 % (Conseil d'État, 13 janv. 1899. — SAINT frères, D., 1900, 3, 41).

était de nature à mettre obstacle à la constitution de sociétés nouvelles et, plus encore, à exclure du bénéfice de la loi les sociétés existantes, appelées cependant, par la volonté formelle du législateur, à jouir du même traitement favorable. En effet, pour insérer dans les statuts des sociétés anciennes la clause prescrite par le Conseil d'État, clause portant une atteinte grave aux bases essentielles du pact social, il eût fallu recueillir, suivant la jurisprudence constante de la Cour de Cassation, le consentement unanime des actionnaires. Or, il eût été pratiquement impossible d'obtenir cette unanimité dans les sociétés par actions, à raison du grand nombre des associés, puisque, ainsi que l'explique le rapport adressé, sur ce point, au Président de la République, par le Conseil supérieur des habitations à bon marché, le refus ou simplement l'absence d'un seul actionnaire suffit à rendre vaine la délibération prise par tous les autres.

Les plaintes du Conseil supérieur trouvèrent un écho chez le Ministre du Commerce, qui proposa aux Chambres de modifier le paragraphe 2 de l'article 11 de la loi du 30 novembre 1894, par l'adjonction du mot « annuels » au mot « dividendes ».

Cette adjonction, qui fait l'objet de l'article 1er de la loi du 31 mars 1896, indique suffisamment qu'il n'y a pas lieu de se préoccuper par avance du mode de répartition des bénéfices éventuels des sociétés, en cas de dissolution. Elle abroge implicitement l'alinéa troisième de l'article 9 du règlement du 21 septembre 1895.

Après avoir étudié à quelles conditions les sociétés anciennes ou nouvelles pouvaient réclamer le bénéfice des immunités fiscales consenties par la loi de 1894, il nous reste à examiner en quoi consistent ces immunités. Elles peuvent se ramener à quatre chefs :

1° *Exonération de la taxe de main-morte.* — Cette taxe, établie par la loi du 20 février 1849, a pour but de remplacer les droits de mutation auxquels sont soustraits les biens des personnes morales, par ce fait que ces personnes ne meurent jamais.

Lorsque des biens doivent, dans un temps plus ou moins éloigné, entrer dans le commerce, il n'y a pas lieu de les assujettir à cette taxe de main-morte, puisque lors de leur transmission ils seront soumis aux droits de mutation. Tel est le cas des habitations à bon marché mises en vente par les sociétés de construction. Aussi, l'article 9, § 5, décide-t-il que « sont exemptées de la taxe établie par l'article 1er de la loi du 20 février 1849, dans les termes de la loi du 14-29 décembre 1875, les sociétés, quelle qu'en soit la forme, qui ont pour objet exclusif la construction et la vente des maisons auxquelles s'applique la loi ».

Mais quand ces maisons ne sont pas destinées à être vendues, mais à être louées, il n'y a pas lieu alors de les exonérer de la taxe de main-morte, puisqu'elles ne paieront jamais les droits de mutation ordinaires. Dans ce cas, « la taxe continuera à être perçue pour les maisons exploitées par la société ou mises en location par elles » (art. 9, *in fine*).

2° *Exonération de la patente.* — Les mêmes sociétés sont dispensées de toute patente (art. 13).

Il semble que cette disposition soit superflue. La patente est, en effet, un impôt sur les bénéfices probables. Or, l'article 9 du règlement du 21 septembre 1895, interdit à ces sociétés tout bénéfice et n'accorde aux actionnaires qu'un dividende maximum de 4 °/₀. La loi de 1894 n'apporte donc, sur ce point, aucune faveur spéciale (1).

3° *Exonération de l'impôt sur le revenu.* — Les sociétés de construction et de crédit sont exonérées de l'impôt sur le revenu attribué aux actions et aux parts d'intérêt, à la condition que les statuts imposent pour ces titres la forme nominative, mais seulement pour les associés dont le capital versé, constaté par le dernier inventaire, ne dépassera pas 2.000 fr. (art. 13, § 1).

4° *Exonération des droits de timbre et d'enregistrement.* — Les actes nécessaires à la constitution et à la dissolution des associations de construction ou de crédit actuellement existantes, ou à créer, telles qu'elles sont définies dans la présente loi, sont dispensés du timbre et enregistrés gratis, s'ils remplissent les conditions prévues par l'article 68, § 3, N° 4, de la loi du 22 frimaire an VII (c'est-à-dire s'ils ne comportent ni obligation, ni libération, ni transmission de biens, meubles ou immeubles, entre les associés ou autres personnes).

Les pouvoirs en vue de la représentation aux assem-

---

(1) V. *Bulletin Soc. franç. habitations bon marché*, 1896, p. 171.

blées générales sont dispensés du timbre. Toutefois, ces sociétés restent soumises aux droits de timbre, pour leurs titres d'actions et obligations, ainsi qu'au droit de timbre-quittance établi par l'article 18 de la loi du 23 août 1871 (art. 11).

L'abonnement au timbre souscrit pour leurs actions par ces sociétés ne subira aucune réduction, quelle que soit la diminution du capital social; mais en cas d'émissions nouvelles, les droits de timbre resteront les mêmes tant que le capital social précédemment soumis à l'abonnement ne sera pas dépassé (art. 12).

CHAPITRE IV

Concours pécuniaire de certains établissements publics ou d'utilité publique.

La difficulté la plus grave qu'aient à surmonter les sociétés de construction consiste à trouver les capitaux nécessaires pour mener à bien leur entreprise. Sans doute, elles rencontrent parfois des personnes généreuses qui consentent à leur prêter des sommes importantes moyennant un intérêt très faible, sans doute elles reçoivent les secours de patrons désireux de procurer à leur personnel toujours plus de bien-être.

Mais le champ d'action de l'initiative individuelle risquerait de se borner bien vite, si l'Etat n'intervenait lui-même pour donner l'impulsion et pour faire comprendre, par l'exemple officiel, toute l'utilité sociale des habitations à bon marché.

La construction de maisons par l'Etat présenterait de graves inconvénients que nous énumérerons plus tard, mais s'il ne peut se faire lui-même constructeur, rien ne l'empèche d'être prêteur. La loi de 1894 permet à certains établissements publics ou d'utilité publique de consentir des prêts aux sociétés de construction ou de crédit.

Ce sont : 1° certains établissements charitables (bureaux de bienfaisance — hospices — hôpitaux);

2° la Caisse des Dépôts et Consignations ;

3° les Caisses d'épargnes.

Les établissements rentrant dans les deux premières de ces catégories tiennent de la loi de 1894 elle-même l'autorisation de prêter aux sociétés de construction ou de crédit. Quant aux caisses d'épargne, cette faculté leur a été accordée par la loi du 20 juillet 1895 (art. 10). Nous étudierons brièvement le concours pécuniaire que chacun de ces établissements peut apporter à la construction d'habitations à bon marché.

1° *Les établissements charitables.* — Les Bureaux de bienfaisance, hospices et hôpitaux peuvent, avec l'autorisation du préfet, employer une fraction de leur patrimoine, qui ne pourra excéder un cinquième, à la construction de maisons à bon marché, dans les limites de leurs circonscriptions charitables, ainsi qu'en prêts hypothécaires aux sociétés de construction de maisons à bon marché et aux sociétés de crédit qui, ne construisant pas elles-mêmes, ont pour objet de faciliter l'achat ou la construction de ces maisons, et en obligations de ces sociétés (article 6).

Cette faculté donnée aux établissements charitables fut vivement combattue, au Sénat, par M. Buffet. Tout en admettant le droit accordé à ces établissements de construire directement des habitations à bon marché en faveur des pauvres, M. Buffet leur refusait énergiquement l'autorisation de consentir des prêts aux sociétés de construction, prêts qui, suivant lui, seraient forcément peu rémunérateurs.

Sur les instances de M. Diancourt, rapporteur, et de M. Poirrier, membre de la Commission, le Sénat passa outre et l'article 6 fut voté sans modification. Il faut remarquer, d'ailleurs, que ce texte apporte deux limitations importantes au droit des établissements charitables.

D'une part, il exige l'autorisation préfectorale qui ne sera évidemment donnée qu'après enquête administrative ayant démontré la sécurité du placement ; d'autre part, il limite à un cinquième la fraction de leur patrimoine que les établissements charitables pourront consacrer à la construction de maisons à bon marché.

L'article 10 du réglement du 21 septembre 1895 limite encore la portée de leur intervention. Il prescrit « que ce cinquième devra être calculé d'après le cours de la Bourse pour les valeurs mobilières, et pour les immeubles d'après l'évaluation qui en sera faite par un expert nommé par le préfet.

Les immeubles affectés aux services d'assistance ne seront pas compris dans cette évaluation et n'entreront pas en ligne de compte.

Les biens mobiliers ou immobiliers provenant de fondations et grevés d'une charge spéciale n'entreront en ligne de compte que sous déduction de la somme nécessaire pour faire face à ces charges.

En aucun cas, la somme dont les bureaux de bienfaisance, hospices et hôpitaux, pourront ainsi disposer ne dépassera le montant de leur fortune mobilière ».

Il ne semble pas que ces établissements publics aient beaucoup usé jusqu'ici de la faculté que leur accorde la loi de 1894.

Les bureaux de bienfaisance sont, en général, administrés dans un esprit de routine attardée (1).

Quant aux hospices, ils préfèrent des immeubles ordinaires ou des titres de rentes. Cependant, nous devons citer l'administration des hospices de Dunkerque, qui a fait édifier des maisons à usage d'ouvriers, mais son initiative date de 1860 et n'a pu par conséquent lui être inspirée par le législateur de 1894 (2).

Si les uns et les autres étudiaient les faits de l'étranger, ils constateraient qu'un tel placement ne paraît ni improductif ni imprudent aux bureaux de bienfaisance belges (3) (à celui de Nivelles notamment) et que d'énormes capitaux ont été employés dans ce but, en Allemagne, par les institutions d'assurances ouvrières contre la vieillesse ou l'invalidité.

2° La Caisse des Depôts et Consignations. — « La Caisse des Dépôts et Consignations est autorisée à employer jusqu'à concurrence du cinquième, la réserve provenant de l'emploi des fonds des caisses d'épargne

---

(1) Avons-nous besoin de dire qu'il y a un petit nombre d'exceptions et qu'ici même, à Lille, le Bureau de bienfaisance construisait, dès 1860, la « Cité philanthropique ». — Il convient aussi de distinguer la situation des bureaux richement dotés et de ceux qui n'ont que des ressources limitées.

(2) V. *Bulletin Soc. franç. habit. bon marché*, 1901, N° 1, p. 28.

(3) V. Lebon. *Les habitations ouvrières à Nivelles.*

qu'elle a constituée en obligations négociables des Sociétés de construction et de crédit indiquées au paragraphe 1er de l'article 6 (art. 6, § 2). »

Cette disposition souleva au Sénat de longs débats. La Commission avait d'abord proposé le texte suivant : « la Caisse des Dépôts et consignations, la Caisse nationale des retraites, les Caisses d'assurances en cas de décès ou d'accidents créées par la loi du 11 juillet 1868 et la Caisse nationale d'épargne sont autorisées à employer une partie de leurs fonds disponibles jusqu'à concurrence d'un dixième en prêts hypothécaires, pour la construction de maisons à bon marché. »

Cette faculté laissée par la loi fut critiquée au Sénat, dans la séance du 19 juin 1894, par MM. Blavier, Buffet, Gouin et Boulanger, ces deux derniers comme membres du Comité de surveillance de la Caisse des Dépôts et Consignations.

Ils firent remarquer que les fonds déposés dans cette Caisse, destinés au remboursement de Consignations, devaient être toujours mobiles, et qu'il était nécessaire d'en avoir à tout instant la libre disposition. Or, placer des fonds de cette nature en habitations ouvrières, c'est se condamner à n'en pouvoir pas disposer à un moment donné. M. Buffet, en particulier, signala le danger de recourir sans cesse à ces fonds dont l'Etat est responsable. « Ce ne seront pas seulement, si vous entrez dans cette voie, les habitations ouvrières qui viendront réclamer vos subventions, vos avances, ce seront tous ces grands projets que nous voyons éclore chaque jour. Je dis que des entreprises qui ne peuvent se réaliser qu'en puisant à pleines mains dans les Caisses publiques sont des entreprises factices, artificielles, non viables et que, s'il n'y a pas d'autre moyen de les faire aboutir, il faut y renoncer. »

A la suite de ces observations, le Sénat repoussa le texte de la Commission et ordonna le renvoi du projet à la Commission (séance du 19 juin 1894).

Ce ne fut que le 8 novembre suivant que la loi revint en discussion. Le rapporteur, M. Diancourt, proposa le nouveau texte que nous avons cité, et qui fut définitivement adopté. Il autorise l'emploi, en obligations de sociétés de construction et de crédit, du cinquième de la réserve des Caisses d'épargne à la Caisse des Dépôts et Consignations.

Quelle est la nature de cette réserve ?

Les Caisses d'épargne doivent verser à la caisse des Dépôts et Consignations la totalité des sommes qu'elles reçoivent des déposants.

Elles perçoivent de ce chef un intérêt déterminé, qui est de 1/2 % supérieur, en moyenne, à celui qu'elles servent elle-mêmes aux déposants. Pour être en mesure de leur payer cet intérêt, la Caisse des Dépôts et Consignations place elle-même les fonds qu'elle reçoit ainsi, et elle touche de ce chef un intérêt supérieur, lui aussi, à celui qu'elle verse aux Caisses d'épargne.

Cet écart entre l'intérêt qu'elle paie et celui qu'elle

reçoit forme un capital assez considérable, qu'on appelle la réserve des Caisses d'épargne. C'est le cinquième de ce capital que la Caisse des Dépôts et Consignations est autorisée à employer, non pas en prêts, comme il était proposé dans le texte primitif, mais en obligations négociables de sociétés de construction et de crédit. Ces obligations sont garanties par le capital-actions de ces sociétés et par leurs immeubles. C'est un placement d'une sccurité incontestable ; de plus, la négociabilité de ces valeurs leur assure une facile et prompte réalisation.

Au moment où la loi fut votée, la Caisse des dépôts et consignations possédait en réserves environ 25 millions de francs. C'était dans une somme de 5 millions qu'elle pouvait mettre à la disposition des sociétés de construction et de crédit, donnant par là même une impulsion décisive à l'œuvre des logements ouvriers. Mais des difficultés surgirent, qui retardèrent le concours de la Caisse des dépôts Ses administrateurs exprimèrent le désir de ne pas se trouver en contact direct avec les sociétés, dont ils craignaient de ne pouvoir vérifier les opérations.

C'est alors qu'une Société de crédit, jouant le rôle d'intermédiaire, se constitua en 1898 (1) et rassura pleinement la Caisse des dépôts, qni, dès lors s'engagea à employer cinq millions en achat d'obligations négociables de Sociétés de construction.

Les opérations commencèrent en 1899. La caisse fait

---

(1) *Bulletin Soc. franç. habit. bon marché*, 1901, N° 1, p. 17.

aux intéressés des avances de fonds, moyennant un intérêt de 2 %. La société intermédiaire prête à 3 %. Il en résulte pour elle un bénéfice de 1 % qui sert à payer ses frais d'administration.

3° Les Caisses d'épargne. — L'article 10 de la loi du 20 juillet 1895 permet aux Caisses d'épargne « d'employer la totalité du revenu de leur fortune personnelle et le cinquième du capital de cette fortune, à l'acquisition ou à la construction d'habitations à bon marché, en prêts hypothécaires aux sociétés de construction de ces habitations, ou aux sociétés de crédit qui, ne les construisant pas elles-mêmes, ont pour objet d'en faciliter l'achat ou la construction, et en obligations de ces sociétés. »

Par l'expression « fortune personnelle d'une caisse d'épargne » il faut entendre :

1° Sa dotation et les dons et legs qui pourraient lui être attribués ;

2° L'économie réalisée sur la retenue prescrite à l'article 8 de la loi du 20 juillet 1895 ;

3° Les intérêts et les primes d'amortissement provenant de la fortune personnelle elle-même.

Ces différents éléments constituent un fonds de réserve. C'est la totalité du revenu de ce fonds, et le cinquième de ce capital que les caisses d'épargne peuvent employer à l'acquisition ou à la construction de maisons à bon marché. Cet emploi fut vivement critiqué à la Chambre, notamment par M. Piou (séance du 10 mars 1893), comme n'offrant pas un revenu suffisamment certain.

Le rapporteur de la loi du 20 juillet 1895, M. Aynard, parvint à le faire adopter cependant par la Chambre, après avoir montré les bons résultats obtenus dans cette voie par la caisse d'épargne de Lyon. Toutefois, sur la demande de M. Bertrand, la Chambre refusa d'admettre qu'un emploi des fonds des caisses d'épargne pût être fait en actions des sociétés de construction. C'est par un vote spécial que le mot « actions » fut retranché du texte proposé par la Commission.

Au Sénat, M. Emile Labiche critiqua l'acquisition ou la construction directe des habitations à bon marché par les caisses d'épargne, comme devant exposer les administrateurs à des sollicitations auxquelles il leur serait parfois difficile de résister. La disposition fut néanmoins adoptée, après une courte réplique de M. Cordelet, qui fit remarquer qu'il s'agissait simplement d'une faculté et non d'une obligation imposée aux administrateurs (séance du 11 mai 1894).

Malgré cette faculté que leur laisse la loi du 20 juillet 1895, très peu de Caisses d'épargne ont songé à favoriser la construction d'habitations ouvrières. Mais on ne saurait oublier, en cette matière, tant à raison de l'antériorité de leur intervention que de son importance, les Caisses d'épargne de Lyon et de Marseille, qui, sous l'impulsion de quelques hommes de cœur, sont arrivés à d'inespérés résultats.

La Caisse de Lyon a pris pour 1.500.000 francs d'obligations d'une société à laquelle elle avait consenti d'abord un prêt actuellement remboursé de 400.000 francs à 4 %.

La Caisse de Marseille avait, au 1er janvier 1898, placé de la même manière la somme de 610.167 francs au taux de 2,75 %.

D'autres Caisses d'épargne sont entrées plus timidement dans la même voie : celle de Paris a pris des obligations de sociétés d'habitations à bon marché, pour 35.000 francs ; celle de Douai, pour 60.000 francs.

Enfin, quelques-unes ont pris le parti de construire elles-mêmes ou en ont tout au moins manifesté l'intention.

C'est ainsi que la Caisse d'épargne de Marseille, déjà nommée, a consacré 456.355 francs à la construction directe d'habitations à bon marché. La Caisse de Chartres (1) est en train de démolir quantité de vieux logements insalubres, et les remplacera par des maisons hygiéniques. La Caisse de Blois (1) a employé 24.276 fr. à l'achat de terrains destinés au même but.

Au 31 juillet 1896, la fortune personnelle des Caisses d'épargne françaises était de 105 millions (2). C'est donc une somme de 21 millions que la loi les autorisait à consacrer aux logements ouvriers.

Au 1er janvier 1898, il n'y avait que 2.750 000 francs qui avaient reçu cette destination. Il reste donc un grand pas à faire dans cette voie.

---

(1) *Bulletin Soc. franç. habit. bon marché*, 1899, p. 509.
(2) *Bulletin Soc. franç. habit. bon marché*, 1887, p. 114.

CHAPITRE V

Des modifications apportées au Code civil, en matière de partage successoral, par la loi du 30 novembre 1894 (1).

I. — Exposé des règles imposées par le Code civil, en matière de partage, et dérogations apportées par l'article 8.

Notre vieux Code civil édicte, en matière de partage, deux principes fondamentaux.

D'abord, « nul ne peut être contraint à demeurer dans l'indivision, et le partage peut toujours être provoqué, nonobstant prohibitions et conventions contraires. » (art. 815).

En second lieu, « chacun des cohéritiers peut demander sa part en nature des meubles et immeubles de la succession » (art. 826), et « si les immeubles ne peuvent pas se partager commodément, il doit être procédé à la vente par licitation devant le tribunal » (art. 827).

Sans doute, les cohéritiers peuvent convenir de rester

---

(1) Cf Mellet. *Des modifications apportées au Code civil en matière de partage successoral, par la loi du 30 novembre 1894, relative aux habitations à bon marché.* Angers, 1897.

dans l'indivision ; l'article 815 leur donne même le droit de s'entendre pour suspendre le partage pendant un temps qui n'excédera pas cinq ans, cette convention pouvant se renouveler indéfiniment.

Mais il faut, pour différer le partage, le consentement de tous les cohéritiers ; le refus d'un seul suffit pour rompre l'indivision. Sans doute, la licitation en justice, avec les frais énormes qu'elle entraîne, peut aussi être évitée. L'article 827, § 2, dit en effet : « Cependant, les parties, si elles sont toutes majeures, peuvent consentir que la licitation soit faite devant un notaire, sur le choix duquel elles s'accordent. » Mais ici encore, il faut réunir l'unanimité des intéressés, ce qui est souvent très difficile.

De plus, s'il y a parmi les héritiers, des interdits ou des mineurs, même émancipés, le partage doit toujours être fait en justice ; dans ce cas, il faut observer les formalités prescrites pour l'aliénation des biens des mineurs et les étrangers sont toujours admis à la licitation (art. 838 et 839).

Pour empêcher les conséquences fâcheuses de ces dispositions, les rédacteurs du Code avaient imaginé de remettre en vigueur l'ancienne institution des partages d'ascendants. « Les pères et mères et autres ascendants pourront faire, entre leurs enfants et descendants, la distribution et le partage de leurs biens. » (Art. 1075.)

Le but principal que le législateur s'est proposé en l'autorisant, dit Baudry (*Précis de droit civil*, tome 3, page 776), a été de tarir dans leur source même les contestations et les procès que fait naître si souvent le partage ordinaire entre les enfants du même père.

Le partage d'ascendant offre en outre l'avantage :

1° D'éviter les frais d'un partage judiciaire, quand il y a un ou plusieurs cohéritiers mineurs ou interdits.

2° De permettre l'attribution à chaque cohéritier du lot qui lui convient le mieux.

3° De permettre à un ascendant vieux et infirme de se décharger d'une administration devenue onéreuse pour lui et compromettante pour sa famille. Les biens qui dépérissent entre les mains débiles de l'ascendant, prospéreront entre les mains jeunes et vigoureuses de ses descendants; à titre de compensation de l'abandon qu'il fait, l'ascendant stipulera le plus souvent une rente viagère, qui lui permettra d'attendre paisiblement la mort sans avoir à lutter contre les difficultés matérielles de la vie.

Ce sont là, semble-t-il, de précieux avantages. Malheureusement, les enseignements que nous fournit la jurisprudence démentent cette prévision. Il n'est peut-être pas dans tout notre Code civil, une seule institution qui donne lieu à plus de procès que les partages d'ascendants.

Cela tient peut-être, dit Baudry, dans une certaine mesure à ce que les ascendants ne procèdent pas toujours au partage avec toute l'impartialité que la loi leur suppose ; ils ont quelquefois des préférences et quand le partage en porte la trace, il devient une source intarissable de discordes et de haines entre les copartagés. Mais nous croyons qu'il faut attribuer pour la plus grande partie ce résultat à la fausseté du mécanisme de l'institution en elle-même. Le partage est un ace de *liquidation*, or, la loi permet à l'ascendant de l'opérer par un acte de *disposition* (donation entre vifs ou testamentaire); n'y a t-il pas contradiction entre le but et le moyen ? De là, le caractère toujours indécis du partage d'ascendant, acte bâtard s'il en fût ; on ne sait jamais si l'on doit appliquer les principes du partage ou ceux de la donation ; aussi cette matière est-elle la source de controverses sans fin. En présence de ces résultats, on se demande si le partage d'ascendant n'est pas un funeste présent de notre législateur !

Tel est le système du Code civil en matière de partage successoral. Les conséquences en sont funestes, c'est le morcellement indéfini de la propriété, c'est la diminution de la valeur héréditaire, par suite des frais énormes qu'occasionne le partage en justice, c'est trop souvent, enfin, la stérilité volontaire des mariages.

Ces résultats désastreux d'un système suranné avaient depuis longtemps frappé l'esprit des économistes. Dans la seconde moitié du XIXe siècle, Frédéric Le Play et son école firent ressortir énergiquement les dangers que présentaient, pour la famille française, l'instabilité de la propriété, due surtout aux règles du partage forcé.

De nombreux projets furent présentés aux Chambres. Ils n'aboutirent pas. Nous devons mentionner ici celui qui, déposé en 1876, ne fut voté que huit ans plus tard, et qui devint la loi du 23 octobre 1884.

Cette loi a pour but de diminuer, pour les immeubles dont le prix d'adjudication ne dépasse pas 2000 fr., les frais ordinaires des ventes judiciaires. Pour atteindre ce résultat, elle dispense ces ventes de certaines formalités (article 5), elle ordonne la restitution par le Trésor des droits de timbre, d'enregistrement, de greffe et d'hypothèques qu'il pourrait avoir perçus (art. 3 et 4); enfin, elle réduit de un quart les émoluments des avoués, notaires, greffiers et huissiers, dans le cas où le prix d'adjudication est inférieur ou égal à 1000 fr. (art. 4). Cette disposition législative est restée, pour ainsi dire, à l'état de lettre morte. D'ailleurs, même si elle était partout appliquée, comme le prescrit en vain une circulaire du Ministre de la Justice, en date du 11 avril 1890 (*Journal officiel* du 12 avril 1890, page 1900), elle serait encore notoirement insuffisante.

D'abord, elle ne vise que les immeubles de minime valeur, puis elle ne déroge en aucune manière aux règles du partage forcé et de la licitation en justice.

Ce fut le législateur de 1894 qui, le premier, osa porter une main audacieuse sur le vieux monument de notre Code civil, et faire fléchir, en faveur des habitations à bon marché, les principes rigoureux de notre législation successorale.

En effet, pour remédier aux inconvénients nombreux du partage forcé et de la licitation aux enchères publiques, la loi du 30 novembre 1894 proclame :

1° Le droit pour l'un des cohéritiers d'imposer aux autres une indivision temporaire ;

2° Le droit pour les co-héritiers de demander l'attribution de la maison sur estimation.

Ces deux innovations capitales sont contenues dans l'article 8, qui est ainsi conçu :

« Lorsqu'une maison individuelle, construite dans les conditions édictées par la présente loi, figure dans une succession, et que cette maison est occupée au moment du décès de l'acquéreur ou du constructeur, par le défunt, son conjoint ou l'un de ses enfants, il est dérogé aux dispositions du Code civil, ainsi qu'il est dit ci-après :

1° Si le défunt laisse des descendants, l'indivision peut être maintenue, à la demande du conjoint, ou de l'un de ses enfants, pendant cinq années à partir du décès.

Dans le cas où il se trouverait des mineurs parmi les descendants, l'indivision pourra être continuée pendant cinq années à partir de la majorité de l'aîné des mineurs, sans que sa durée totale puisse, à moins d'un consentement unanime, excéder dix ans.

Si le défunt ne laisse pas de descendants, l'indivision pourra être maintenue pendant cinq ans, à compter du décès, à la demande et en faveur de l'époux survivant, s'il en est co-propriétaire au moins pour moitié et s'il habite la maison au moment du décès

Dans ces divers cas, le maintien de l'indivision est prononcé par le juge de paix, après avis du conseil de famille ;

2° Chacun des héritiers et le conjoint survivant, s'il a un droit de co-propriété, a la faculté de reprendre la maison sur estimation. Lorsque plusieurs intéressés veulent user de cette faculté, la préférence est accordée d'abord à celui que le défunt a désigné, puis à l'époux s'il est co-propriétaire pour moitié au moins. Toutes choses égales, la majorité des intéressés décide. A défaut de majorité, il est procédé par voie de tirage au sort. S'il y a contestation sur l'estimation de la maison, cette estimation est faite par le comité des habitations à bon marché et homologuée par le juge de paix. Si l'attribution de la maison doit être faite par la majorité ou par le sort, les intéressés y procèdent sous la présidence du juge de paix, qui dresse procès-verbal des opérations. »

Cet article 8 qui est, sans contredit, le plus important de la loi, consacre donc le double principe de l'indivision forcée et de l'attribution sur estimation.

Avant d'établir cette double dérogation à la législation existante, il a déterminé les conditions générales auxquelles sont soumises les habitations pour bénéficier des faveurs de la loi.

Ce sont ces conditions que nous devons examiner brièvement avant d'étudier les deux réformes introduites par l'article 8 de la loi du 30 novembre 1894.

II. — Conditions requises pour l'application de l'article 8

Ces conditions sont au nombre de deux :

1° Il faut qu'il s'agisse « d'une maison individuelle

construite dans les conditions édictées par la présente loi. »

Rappelons ces conditions, que nous avons étudiées dans le chapitre 1er. Il faut que la personne qui possède la maison ne soit propriétaire d'aucune autre maison et que la valeur de l'habitation ne dépasse pas certains maxima fixés d'après la population de la commune. Mais l'article 8 s'applique-t-il aussi aux maisons construites avant la promulgation de la loi de 1894?

Les auteurs n'étaient pas d'accord sur ce point, lorsque la loi du 31 mars 1896, dont nous avons déjà dit un mot, est venue dissiper le doute qui planait sur cette question. En effet, l'article 3 de cette loi décide que « les dispositions de l'article 8 de la loi du 30 novembre 1894 sont applicables à toute maison, quelle que soit la date de sa construction, dont le revenu net imposable à la contribution foncière n'excède pas les limites fixées par l'article 5 de ladite loi ».

2° Il faut que la maison soit occupée, au moment du décès de l'acquéreur ou du constructeur, par le défunt, son conjoint ou l'un de ses enfants.

Cette condition est parfaitement en harmonie avec le but poursuivi par les promoteurs de la loi, qui était d'assurer la transmission héréditaire des habitations à bon marché. Or, si tous les membres de la famille sont séparés, s'ils n'habitent plus le foyer paternel, il n'y a plus aucune raison d'appliquer des règles de faveur au partage de la maison qu'ils ont désertée.

Ces deux conditions sont les seules; il n'y a pas lieu

de se préoccuper de l'importance de la succession. La loi n'a limité que la valeur locative de l'habitation.

III. — Indivision forcée a la demande du conjoint ou d'un seul des enfants

L'article 815 du Code civil décide, nous l'avons vu, que nul n'est tenu de rester dans l'indivision.

Une longue expérience a révélé, en effet, les inconvénients de la communauté de biens. *Discordias solet parere communio*, dit un vieil adage : discordes d'autant plus fâcheuses qu'elles éclatent entre les membres d'une même famille.

D'autre part, la communauté anéantit l'initiative privée de chacun des communistes, car ainsi que le disait déjà le vieux Loysel : Qui a compagnon a maître.

Enfin, elle entrave la libre circulation des biens : l'un des communistes ne pouvant aliéner qu'avec le consentement des autres, souvent difficile à obtenir.

A ces divers points de vue, l'indivision a paru contraire à l'ordre public : de là l'article 815, qui permet à tout intéressé de provoquer le partage des biens communs.

Mais il peut cependant se rencontrer des hypothèses où l'indivision, loin d'être nuisible, est de nature à procurer des avantages certains. Aussi, l'article 8 de la loi du 30 novembre 1894, permet-il au conjoint survivant ou à l'un des enfants du défunt de demander l'indivision et de l'obtenir, malgré la volonté des autres parties.

Ce n'est pas sans l'entourer d'importantes précautions que le législateur a consacré cette grave dérogation au principe fondamental du partage. La première garantie consiste en ce que le maintien de l'indivision doit être décidée par le juge de paix.

Ce magistrat n'est pas forcé d'accéder à la demande qui lui est faite, il peut, mais il ne doit pas nécessairement prononcer l'indivision, et il est évident qu'il ne s'y résoudra qu'après s'être entouré de toutes les garanties nécessaires.

Il s'informera notamment du mobile qui fait agir le requérant; il entendra, d'autre part, les intéressés qui voudraient le partage immédiat, et il ne décidera qu'en connaissance de cause, en s'inspirant du plus grand bien de la famille.

En outre, la loi exige l'avis du conseil de famille. C'est par une erreur manifeste de rédaction que cet avis est demandé dans tous les cas. Il est clair que cette disposition n'est applicable que s'il y a des mineurs ou des interdits.

Etudions successivement les trois hypothèses prévues par l'art. 8 :

Premier cas : Le défunt n'a pas laissé d'enfants. — Dans ce cas, l'époux survenant va se trouver en présence d'étrangers qui pourront, eux aussi, prétendre à la succession. Il eût été rigoureux de chasser le conjoint de la maison où il a vécu, d'autant plus que souvent cette maison aura èté acquise en partie avec le fruit de son travail et de ses économies. Aussi la loi a-t-elle voulu lui assurer au moins la jouissance du foyer. Elle décide que l'époux survivant peut demander en sa faveur le maintien de l'indivision pendant cinq ans, à compter du décès. La loi exige deux conditions :

1°) Il faut que le conjoint survivant soit propriétaire de l'habitation au moins pour moitié.

En fait il en sera toujours ainsi. Les pauvres gens en effet, se marient sans contrat et sont soumis, dès lors, aux règles de la communauté légale. Or, la maison est toujours bien de communauté, puisqu'elle est, dans tous les cas, achetée au cours du mariage, avec les économies réalisées par les époux, Elle appartient donc, à la dissolution, à chacun des époux pour moitié (article 1401).

2°) Il faut que le conjoint qui demande le maintien de l'indivision habite la maison au moment du décès.

Sans cette condition très sage, il arriverait que l'époux séparé d'avec le défunt pourrait invoquer le bénéfice de la loi, et réclamer le droit d'habiter un foyer volontairement abandonné.

Deuxième cas. — Le défunt a laissé des enfants tous majeurs. En ce cas, l'indivision peut être maintenue pendant cinq ans à compter du décès, soit à la demande de l'un des enfants, soit à la demande du conjoint. Il n'est plus nécessaire ici que ce dernier soit propriétaire de la maison au moins pour moitié.

Troisième cas. — Parmi les enfants laissés par le défunt, il y a un ou plusieurs mineurs.

Dans ce cas, l'indivision peut être maintenue, après avis du Conseil de famille, pendant cinq ans, à partir de la majorité de l'aîné des mineurs sans que sa durée totale puisse, à moins d'un consentement unanime, excéder dix ans.

Nous avons vu que, d'après les règles ordinaires du Code Civil, le partage judiciaire est nécessaire pour sortir de l'indivision, quand des mineurs sont appelés à une succession.

Les étrangers étant admis aux ventes faites devant le tribunal, la maison courait grand risque de sortir de la famille, et quand cette éventualité ne se produisait pas, les frais absorbaient le plus clair du prix de vente.

Pour parer à ces conséquences inévitables, M. Siegfried avait demandé dans son projet que l'indivision pût être maintenue jusqu'au jour où tous les héritiers auraient atteint leur majorité.

La Commission du Sénat n'accepta pas ce texte si simple et lui substitua celui qui fut définitivement adopté.

Peut-être craignit-elle de prolonger trop longtemps l'indivision dans le cas où le défunt aurait laissé des enfants en très bas-âge.

Nous venons de voir à qui appartient le droit de demander le maintien de l'indivision. Il reste à examiner comment il s'exercera.

C'est, nous l'avons dit déjà, le juge de paix qui estime s'il est vraiment utile que le partage soit différé. Qu'un seul des cohéritiers veuille rester dans l'indivision, cela ne suffit pas ; il faut en outre que sa requête soit reconnue opportune et procure un avantage quelconqne. Si cet avantage n'existe pas, pourquoi forcer les autres héritiers à rester dans l'indivision ? loin de remédier aux difficultés causées par la mort du défunt, cet état de choses ne pourrait que créer des embarras nouveaux.

Le juge ne saurait contraindre, par exemple, à demeurer dans la même maison ou même simplement à rester co-propriétaires des gens qui se querelleront sans cesse et qu'aucun intérêt commun ne réconciliera jamais

D'autre part, le juge ne devra rejeter la demande d'indivision que lorsqu'elle sera de nature à engendrer des inconvénients certains. Toutes les fois qu'elle produira plus d'avantages que de périls, le devoir du juge de paix sera de la maintenir.

M. Challemel (1) *(Du nouveau régime successoral)*, cite quelques-unes de ces hypothèses. Par exemple, si l'époux survivant désire acquérir la maison, et s'il n'a pas la somme suffisante pour la payer immédiatement, le juge fera bien de maintenir l'indivision pendant cinq ans, afin de permettre à cet époux d'épargner la somme nécessaire.

De même, si le conjoint survivant, étant d'un âge très avancé et dans l'impossibilité de gagner sa vie, demande que, pour le peu de jours qu'il lui reste à vivre, la situation actuelle ne soit pas modifiée.

Mais, dira-t-on, la loi de 1894, qui permet à l'un des

---

(1) *Réforme sociale* du 16 février 1896.

héritiers d'obtenir l'indivision, malgré la volonté de tous les autres, aboutira fatalement à mécontenter ces derniers et engendrera souvent les querelles et les haines. Sans doute, mais les héritiers mécontents ont un moyen bien simple de réaliser leur part indivise d'héritage : c'est de la vendre, en imposant à l'acquéreur de respecter le jugement d'indivision.

Une question s'est posée à propos de l'article 8 : le maintien de l'indivision est-il opposable aux créanciers?

M. Challamel résoud cette question par une distinction.

Les créanciers devront subir le jugement d'indivision s'ils n'ont pas fait diligences avant le prononcé de ce jugement et s'ils n'ont aucune hypothèque antérieure; au contraire, s'ils ont une hypothèque antérieure ou si, au nom de leurs débiteurs, ils ont intenté l'action en partage avant le jugement qui maintient l'indivision, ils ne pourront se voir opposer ce jugement.

Bien entendu, l'article 1167 du Code civil reste applicable : donc, il faut que l'héritier débiteur n'ait pas conclu le pacte d'indivision, en fraude des droits de ses créanciers.

Le règlement du 21 septembre 1895 indique les formalités à remplir par le requérant et comment est prononcée l'indivision :

Article 39. — Le conjoint survivant ou l'héritier qui veut faire prononcer le maintien de l'indivision, ou l'attribution de la maison à son profit, en forme la demande par voie de déclaration au greffe de la justice de paix.

La déclaration doit contenir :

1° Les noms, prénoms, profession et domicile du requérant et la qualité en laquelle il agit ;

2° Les noms, prénoms, profession et domicile du conjoint survivant et de chacun des héritiers ou successeurs, à titre universel, ainsi que de leurs représentants légaux.

Elle est signée par le requérant et contresignée par le greffier. Il est joint un extrait du rôle de la contribution foncière ou un certificat du directeur des contributions directes, attestant que la valeur locative de la maison ne dépasse pas les maxima déterminés par l'article 50. Le requérant doit, en outre, consigner somme suffisante pour couvrir les frais immédiats de procédure. Le juge de paix en détermine, s'il y a lieu, le montant.

Article 40. — Lorsque le défunt aura laissé des héritiers mineurs ayant, au moment du décès, leur domicile dans le canton où la succession est ouverte, le conseil de famille, réuni comme il est dit à l'art. 406 du Code civil, sera invité, par le juge de paix, à donner son avis sur le maintien de l'indivision, si ce maintien est demandé et si l'attribution de la maison n'est pas réclamée. Si tous les intéressés sont présents, il pourra être procédé immédiatement et sans convocation spéciale, de la façon prescrite par les articles 44 et suivants du présent règlement.

Article 41. — Lorsque la succession s'ouvrira dans un canton autre que celui où les héritiers mineurs ont leur domicile, le juge de paix du lieu de l'ouverture de la succession transmettra au juge de paix du lieu où la tutelle s'est ouverte, ainsi qu'au tuteur, s'il y en a un, copie de la déclaration, à l'effet d'appeler le conseil de famille à en délibérer.

Article 42. — Le juge de paix saisi de la demande, convoque tous les intéressés, ou leurs représentants, par lettres recommandées, expédiées par le greffier.

L'avis de réception de la poste est joint au dossier de l'affaire.

Les délais et formes de la comparution sont fixés conformément aux articles 411 et 412 du Code civil.

Article 43. — Si l'un des intéressés est sans domicile ni résidence connues, le juge de paix, à la requête de la partie la plus diligente, lui nomme un mandataire spécial, à moins que le tribunal, en vertu de l'art. 113 du Code civil, n'ait déjà commis un notaire pour le représenter.

Article 44. — Au jour fixé, si toutes les parties sont d'avis de maintenir l'indivision pour un temps déterminé, il leur en est donné acte par le juge de paix. Le pacte d'indivision, ainsi conclu, est définitif, même au regard des mineurs et interdits, sans qu'il soit besoin d'homologation.

En cas de désaccord, le juge de paix statue, d'après les circonstances, en vue du plus grand intérêt de la famille, et, s'il y a lieu, prononce le maintien de l'indivision dans les limites fixées par la loi, à moins que l'attribution de la maison ne soit demandée par quelqu'un des héritiers ou le conjoint snrvivant. »

Ces différents articles se comprennent d'eux-mêmes et n'ont besoin d'aucun commentaire.

IV. — L'attribution de la maison sur estimation, a la demande du conjoint ou d'un seul des héritiers.

Le maintien de l'indivision introduit dans notre législation par la loi du 30 Novembre 1894 était, à tous égards, une innovation des plus heureuses. En retardant le partage elle permettait aux cohéritiers de l'opérer dans des conditions plus avantageuses.

Mais l'indivision ne peut être imposée que pendant un temps assez court, à l'expiration duquel le partage, bien que différé, doit être effectué, à la demande d'un seul intéressé. Aussi le législateur a-t-il pensé qu'il ne suffisait pas de déroger à l'article 815, mais qu'il était encore indispensable de fournir aux cohéritiers le moyen d'éviter la licitation. C'est pourquoi il permet à chacun des héritiers et au conjoint survivant, s'il a un droit de copropriété, de reprendre la maison sur estimation.

La loi n'exige pas, dans tous les cas, cette attribution. Si aucun des intéressés ne manifeste le désir de se rendre acquéreur de la maison, il n'y a plus aucune raison de déroger aux règles ordinaires du partage. Mais si l'un quelconque des héritiers ou le conjoint demande l'attribution à son profit, le juge de paix n'a plus, comme pour le maintien de l'indivision, la faculté d'appréciation ; il est forcé de prononcer l'attribution de la maison.

N'est-il pas préférable, en effet, que le foyer paternel revienne à l'héritier qui le réclame et qu'il ne passe pas entre des mains étrangères ?

Mais il fallait prévoir le cas où plusieurs intéressés réclameraient en leur faveur l'attribution de la maison. L'article 8 y a pourvu : il établit un ordre de préférence entre les divers compétiteurs.

En premier lieu, il accorde le droit d'acquérir la maison à l'héritier désigné par le défunt.

Rien de plus légitime que cette disposition : nul n'était, en effet, mieux qualifié que le défunt pour choisir, entre ses héritiers, celui qui est le plus digne d'habiter le foyer familial.

A défaut de désignation, le conjoint survivant qui demandera à son profit l'attribution de la maison, l'obtiendra s'il en est co-propriétaire au moins pour moitié.

Nous avons vu déjà que ce cas se présentera presque toujours, puisque la maison sera le plus souvent bien de communauté. Rien encore de plus sage que cette faveur accordée au conjoint C'est, en effet, par les économies faites en commun que les époux ont pu acquérir cette maison où ils ont vécu côte à côte, partageant leurs plaisirs et leurs peines. Il eût été cruel, à la mort de l'un des conjoints, de chasser l'autre de la demeure commune, pour y installer à sa place un héritier moins intéressant ou un étranger.

A défaut de ces deux causes de préférence, la loi s'en remet à la majorité des intéressés du soin de désigner l'attributaire. Le choix sera déterminé par des considérations de famille ou encore par les garanties de solvabilité qu'offriront les compétiteurs.

Les intéressés procèdent au vote sous la présidence du juge de paix, qui dresse procès-verbal des opérations. Les héritiers qui viennent par représentation d'une même personne n'ont droit ensemble qu'à un seul suffrage (art. 45 du décret du 21 septembre 1895).

Si la majorité ne peut se former, le juge procède, séance tenante, au tirage au sort, et dresse sur-le-champ procès-verbal de l'attribution et des conventions relatives au paiement des soultes et autres conditions accessoires (art. 45 *idem*).

C'est encore là, semble-t-il, la meilleure solution. Sans doute, le sort aveugle pourra favoriser celui d'entre les héritiers qui aurait le moins de droits à la maison, par ses mérites ou par ses aptitudes, mais il a, par contre, l'avantage d'épargner les frais qu'eût occasionnés la licitation.

Le choix de l'attributaire n'est pas la seule difficulté que peut susciter l'application de l'article 8. Car, une fois ce choix fait, il peut y avoir contestation sur la valeur de la maison. En ce cas, l'estimation est faite par le comité des habitations à bon marché et homologuée par le juge de paix (article 8).

Voici comment procède ce dernier :

S'il y a contestation sur la valeur de la maison, le juge de paix constate, en son procès-verbal, le désaccord des parties, sursoit à l'attribution et requiert le comité des habitations à bon marché dans la circonscription duquel est situé l'immeuble, d'en faire l'estimation et de lui en adresser le rapport détaillé. Il en est de même si quelqu'un des intéressés n'a pas reçu la convocation du juge de paix, prévue par l'article 42, ou, s'il y a parmi eux des mineurs ou des interdits. Au cas où il n'existe pas de comité dans le département, l'estimation est faite par un expert, nommé par le juge de paix, au besoin par commission rogatoire (article 46 du décret du 21 septembre 1895).

Sur le dépôt du rapport, les parties sont invitées à en prendre connaissance au greffe, dans le délai de 30 jours, puis convoquées à nouveau devant le juge de paix (article 47, *idem*).

Le juge de paix ne peut donc statuer qu'après le rapport du Comité des habitations à bon marché et l'examen contradictoire de ce rapport par les intéressés. Lui-même n'est nullement forcé d'accepter l'estimation faite par le Comité. Car, d'après les principes généraux du droit, les tribunaux ne sont jamais liés par une expertise qu'ils ont ordonnée ; il peuvent l'apprécier, la modifier.

L'article 48 du décret dn 21 septembre 1895 confirme expressément cette solution. « A défaut de conciliation, il fixe lui-même, d'après tous les éléments de la cause, le prix de la maison et procède à son attribution. »

Le décret du 21 septembre 1895 est muet sur les éléments d'appréciation : leur énumération eut été d'ailleurs forcément incomplète. Ce sont évidemment l'âge de la construction, les matériaux dont elle est formée, son état d'entretien, la valeur du sol, etc.

La décision du juge de paix peut ne pas répondre aux prétentions des intéressés. En ce cas, quelles sont les voies de recours offertes aux parties mécontentes?

L'article 48 du décret vise expressément le droit d'opposition. « Toutes les décisions du juge de paix, rendues par défaut, sont notifiées aux parties défaillantes, sous pli recommandé. L'opposition est recevable dans les huit jours de la réception de la lettre. »

Par cette voie de recours, les intéressés qui, dûment avertis, n'ont pas comparu devant le juge, pourront faire remettre en question le prix de l'attribution et sauvegarder leurs droits.

Mais que dire de l'appel? On a soutenu que dans le silence de la loi et du règlement, l'appel n'est pas recevable en cette matière, vu le caractère exceptionnel des dispositions de la loi du 30 novembre 1894. D'ailleurs, disent les partisans de cette doctrine, ce qu'a voulu le législateur, c'est hâter le plus possible la solution du litige et réduire au minimum les frais de procédure. Or, il n'est pas admissible que, par caprice, un cohéritier puisse, au moyen de l'appel, retarder indéfiniment le jugement définitif et occasionner des frais que la loi a voulu précisément éviter.

Nous ne nous rallierons pas à cette opinion. Il ne s'agit pas ici, en effet, de faire une loi, il s'agit de l'interpréter, et nous ne saurions nous baser sur le silence d'un texte pour conclure à l'inapplication d'un principe d'ordre public.

Il faudrait un texte formel pour soutenir que l'appel n'est pas recevable. Sans doute, cette voie de recours entraînera des retards et des frais, mais ce sont là des inconvénients bien minimes, si on les compare à ceux que pourrait entraîner l'incapacité ou l'erreur du magistrat.

Si nous admettons le droit d'appel, nous ne saurions refuser aux parties les voies de recours extraordinaires, c'est-à-dire la tierce opposition, la requête civile, la prise à partie et le pourvoi en cassation.

L'article 49 du décret contient le tarif des frais que

devront payer les parties pour chaque acte de la procédure, soit aux greffiers de justice de paix, soit aux experts chargés de l'estimation de l'immeuble.

Ce tarif est peu élevé et témoigne, une fois de plus, des faveurs consenties aux héritiers des habitations à bon marché.

V. — De quelques difficultés soulevées par l'article 8

Avant de terminer le chapitre consacré aux modifications apportées au Code civil par l'article 8, nous devons examiner très brièvement quelques difficultés soulevées par cet article.

D'abord, que décider si, parmi les intéressés, il en est qui demandent le maintien de l'indivision, et d'autres l'attribution de la maison ? La loi n'avait pas prévu ce cas, mais le règlement a fait, sur ce point, œuvre de législateur. Il se prononce en faveur de l'attribution de la maison (art. 44, § 2). L'indivision est, en effet, un état anormal de la propriété ; il est préférable de lui substituer une situation moins instable. D'ailleurs, la cause du conflit est la communauté de biens ; en la supprimant, on rend le conflit lui-même moins long et moins ardent.

Une autre difficulté surgit : L'attributaire de la maison, en compensation de la faveur dont il est l'objet, doit payer, à ses cohéritiers, des soultes correspondantes à leur part dans le prix d'estimation. Comment se procurera-t-il la somme nécessaire à l'acquittement de ces soultes?

Le plus souvent, il n'a aucune fortune et vit péniblement de son travail quotidien. Si les autres héritiers peuvent exiger de lui le paiement immédiat de leur part, il sera dans l'impossibilité matérielle d'obtenir l'attribution de la maison, faute d'argent, et la disposition de l'article 8, devenue dès lors purement platonique, n'entrera jamais dans la voie de la réalisation pratique.

C'est l'obstacle le plus difficile à l'application de la loi de 1894. Il est regrettable qu'il n'ait pas été prévu lors de la discussion, et qu'un délai n'ait pas été accordé à l'attributaire pour se libérer.

Qu'arrivera-t-il donc? L'acquéreur en sera réduit à recourir à un emprunt souvent onéreux, ou à solliciter de ses cohéritiers le paiement par annuités de la somme qui leur revient.

Il arrivera fréquemment que ceux-ci ne consentiront pas à cet arrangement, si, par exemple, l'attribution de la maison a donné lieu à des rivalités ou s'ils avaient demandé le maintien de l'indivision.

Si tous les intéressés sont d'accord, le paiement par annuités sera la solution la plus avantageuse, puisque l'article 2109 du Code civil leur accorde le privilège du copartageant, et qu'en inscrivant ce privilège dans les soixante jours, ils sont à l'abri des réclamations des tiers qui acquerront des droits sur la maison postérieurement à son attribution. S'ils acceptent ce mode de paiement, l'article 45 *in fine* du règlement ordonne au juge de paix « de dresser procès-verbal des conventions relatives au paiement des soultes et autres conditions accessoires. »

Mais si les cohéritiers refusent obstinément le paiement par annuités, s'ils exigent l'acquittement intégral et immédiat de leur part d'héritage, est-ce le cas, pour le juge, d'appliquer le bienfaisant article 1244 du Code civil et d'accorder à l'attributaire un délai de grâce ?

Pour qui connaît la prudente réserve qu'apportent les tribunaux dans l'octroi du délai de grâce, il n'y a pas d'illusion possible, ils ne l'accorderont pas. Cependant, nous croyons qu'ils pourraient le faire, et nous nous basons pour émettre cette opinion sur la jurisprudence elle-même. (Cour de Colmar, 26 novembre 1849 ; D, 1852, 2, 56 ; 29 juillet 1850, D, 1852, 2, 239).

En effet, les tribunaux exigent, pour accorder le délai de grâce, que le débiteur prouve, d'une part, qu'il possède des biens suffisants pour faire face à ses engagements et, d'autre part, qu'il éprouverait un très grand préjudice si l'obligation ou la condamnation était rigoureusement exécutée.

Or, l'attributaire remplit précisément cette double condition. L'immeuble qu'il a acquis représente une valeur plus que suffisante au paiement des soultes, puisqu'elle comprend en outre sa propre part d'héritage.

D'un autre côté, le forcer à se libérer immédiatement, serait lui causer un très grand préjudice ; puisque la saisie de sa maison achèverait irrémédiablement sa ruine.

Dans le cas où l'arrangement amiable ne sera pas possible, c'est à l'emprunt que l'attributaire devra avoir recours. Il est vraisemblable que le Crédit foncier ne lui fera pas grand accueil, vu le peu d'importance de l'opération.

Ce sont les sociétés de construction et de crédit qui sont toutes désignées pour prêter à l'acquéreur, et elles ne courent, de ce chef, aucun risque, puisque à l'instar de tout prêteur de deniers, elles pourront se faire subroger dans le privilège du copartageant qui appartenait aux cohéritiers de l'emprunteur.

CHAPITRE VI

Les assurances sur la vie établies par la loi du 30 Novembre 1894.

I. — Nécessité de l'assurance établie par l'article 7.

Certes, c'est pour un père de famille une perspective fort attrayante de profiter d'une combinaison qui le rendra propriétaire de sa maison au bout d'un certain nombre d'années : il cesse ainsi d'être un nomade, un hôte de passage dans une demeure banale qui ne lui rappelle rien de son passé et ne promet rien à son avenir. Posséder un foyer domestique, un *home* tout imprégné de sa personnalité, gardien des traditions familiales, confident des joies et des douleurs, n'est-ce pas là pour lui le plus beau des rêves ?

Mais n'y a-t-il pas souvent bien loin du rêve à la réalité ? Cette annuité qu'on lui demande et qui, comprenant l'amortissement en même temps que le loyer, le rendra propriétaire, il peut bien la payer aujourd'hui, grâce à ses privations journalières. Mais pourra t-il la payer demain ? N'est-il pas à la merci de la maladie, du chômage, d'un accident, de la mort ? S'il est frappé par l'un de ces fléaux, que deviendront la femme, les enfants qu'il laissera après lui, et à qui il aura légné des engagements impossibles à tenir ?

Cette maison, fruit de tant d'années d'économies, de gêne, sera-t-elle à jamais perdue pour sa famille, si le père vient à mourir à la tâche, et l'impuissance de ses longs efforts rendra-t-elle plus cruelle encore, la douleur de la séparation ?

C'est là l'un des obstacles principaux au développement de l'œuvre des habitations ouvrières. Mais heureusement, il n'est pas insurmontable. L'homme dispose, pour parer aux fléaux dont il est menacé, d'un moyen infaillible : l'assurance, grâce à laquelle le père de famille envisagera sans crainte l'éventualité de sa mort, qui, loin de léguer à ses héritiers une charge écrasante, achèvera entre leurs mains la libération de l'immeuble.

Le jour même du décès du père, sa famille deviendra propriétaire de la maison complètement libérée.

Tels sont les bienfaits que peut produire l'assurance. Malheureusement, les compagnies privées ne font, du moins en France, aucune propagande dans les classes pauvres. Elles préfèrent même ne pas y recruter d'assurés, à cause des frais trop importants qu'entraîne, dans les campagnes reculées, le paiement de primes très minimes, et elles consacrent tous leurs efforts à la clientèle riche.

Pour donner aux compagnies l'exemple officiel, et pour montrer aux populations ouvrières et agricoles les avantages de l'assurance, l'État n'a pas hésité à se faire lui-même assureur.

C'est dans ce but que la loi du 11 juillet 1868 fonda « la Caisse d'assurances en cas de décès et la Caisse d'assurances en cas d'accidents, résultant de travaux industriels et agricoles. »

C'est à la caisse d'assurances en cas de décès que l'article 7 de la loi du 30 novembre 1894 a recours : il autorise cette caisse à passer avec les acquéreurs ou les constructeurs de maisons à bon marché, qui se libèrent du prix de leur habitation au moyen d'annuités, des contrats d'assurances temporaires ayant pour but de garantir à la mort de l'assuré, si elle survient dans la période d'années déterminées, le paiement des annuités restant à échoir.

Le chiffre maximum du capital assuré ne pourra pas dépasser la somme déduite du taux de capitalisation de 4,27 %, appliqué au revenu net énoncé à l'article 5.

Tout signataire d'une proposition d'assurances faite dans les conditions du § 1er du présent article devra répondre aux questions et se soumettre aux constatations médicales qui seront prescrites par les polices. En cas de rejet de la proposition, la décision ne devra pas être motivée. L'assurance produira son effet dès la signature de la police, nonobstant toute clause contraire.

La somme assurée sera, dans le cas du présent article, cessible en totalité dans les conditions fixées par les polices.

La durée du contrat devra être fixée de manière à ne reporter aucun paiement éventuel de prime après l'âge de 65 ans. »

En donnant cette autorisation à la Caisse d'assurances

en cas de décès, le législateur n'a nullement entendu consacrer en sa faveur un monopole et exclure de ces opérations les Compagnies privées. Au contraire, il n'a voulu que stimuler les Compagnies par l'exemple de l'État, avec l'espoir d'abandonner le rôle d'assureur dès que l'initiative privée se serait substituée à lui.

Aux termes de l'article 7, la Caisse d'assurances ne peut traiter « qu'avec les acquéreurs qui se libèrent du prix de leur habitations au moyen d'annuités. » Toutefois, le paragraphe 4 permet, expressément aux acquéreurs, de céder leur police d'assurances, comme garantie, à la société de construction ou de crédit qui a fait les avances.

Et l'article 36 du règlement du 21 septembre 1895 recommande même cette cession au profit de la Société, à l'exclusion de tous autres cessionnaires : la cession du bénéfice de la police d'assurances ne pourra être faite qu'au profit de la Société de construction et de crédit, lorsque cette clause sera insérée dans l'acte de promesse de vente joint à la proposition d'assurance. »

En fait, cette clause figure dans tous les contrats passés entre les sociétés et l'emprunteur. Ce sont, d'ailleurs, le plus souvent ces sociétés elles-mêmes qui servent d'intermédiaires entre l'emprunteur et le directeur général de la Caisse des dépôts et consignations, pour la conclusion de la police (art. 11 *in fine* du décret).

L'article 7 contient une disposition qui mérite quelques éclaircissements : « Le chiffre maximum du capital assuré ne pourra pas dépasser la somme déduite du taux de capitalisation de 4,27 % appliqué au revenu net énoncé à l'article 5. »

M. Diancourt, rapporteur de la loi au Sénat, expliqua en ces termes la partie finale de ce texte : « Ce taux de capitalisation du revenu net est celui qui est pratiqué pour les contributions directes. Il correspond en fait à 5,50 % du revenu brut. Ainsi, si nous prenons le premier chiffre qui nous tombe sous les yeux, un revenu net de 90 fr., à 4,27 %, représente un capital de 2.100 fr., et la capitalisation du revenu brut de 120 fr. à 5,50 % représente en capital 2 189 fr. Vous voyez que c'est sensiblement équivalent. ... (Sénat, séance du 8 novembre 1894. *Journal officiel* du 9, débats parlementaires, page 839).

Quant à l'importance de la prime, elle varie suivant l'âge plus ou moins avancé de l'assuré. Il serait imprudent pour celui-ci d'entreprendre l'acquisition de sa maison par annuités, à l'âge où les forces l'abandonnent et où va bientôt sonner pour lui l'heure de la retraite. C'est cette imprévoyance que la loi a voulu empêcher en décidant que la durée du contrat dera être fixée de manière à ne reporter aucun paiement éventuel de prime, après l'âge de 65 ans.

En terminant cet aperçu, il est bon de faire remarquer que si l'article 7 de la loi de 1894 ne prévoit que des contrats d'assurances temporaires, c'est-à-dire contre le décès survenant dans un délai déterminé, c'est que la

Caisse d'assurances, instituée par la loi du 11 juillet 1868, à qui faisait appel le législateur, ne pouvait faire alors d'assurances mixtes, prévoyant à la fois le décès prématuré et la vieillesse.

La faculté de faire des assurances mixtes a été accordée depuis à cette Caisse par la loi du 17 juillet 1897, et rien, dans le texte de cette dernière loi, ne s'oppose à son application aux acquéreurs ou constructeurs d'habitations à bon marché.

II. — CONDITIONS D'APPLICATION DE L'ARTICLE 7.

Nous devons rechercher ces conditions dans la loi du 11 juillet 1868, puisque l'art. 7 de la loi de 1894 n'est intervenu que pour étendre les pouvoirs de la Caisse d'assurances en cas de décès, et pour l'autoriser à entreprendre des opérations qui n'avaient pas été prévues en 1868.

En outre, le titre IV du décret du 21 septembre 1895 énumère longuement les conditions d'application de l'article 7.

Nous n'étudierons ici que les principales d'entre elles : Nul ne peut s'assurer s'il n'est âgé de 16 ans au moins et de 60 ans au plus (loi de 1868, art. 5).

Le postulant doit, en outre, être acquéreur ou constructeur d'une maison à bon marché, et prouver qu'il se libère au moyen d'annuités (loi de 1894, art. 7). On sait qu'une maison à bon marché est celle dont le revenu brut augmenté d'un dixième ne dépasse pas les chiffres fixés par l'art. 5 de la loi de 1894.

Le bénéfice de l'assurance est réservé aux seuls individus qui ne sont propriétaires d'aucune autre maison (art. 13, décret du 21 septembre 1895).

De plus, tout signataire d'une proposition d'assurance doit se soumettre à un examen médical (art. 7, loi de 1894), dont les conditions sont minutieusement déterminées par le règlement d'administration publique (art. 14 à 18).

Celui qui veut contracter une assurance doit adresser une proposition au directeur de la Caisse des dépôts et consignations, soit directement, soit par l'entremise des comités locaux, ou des sociétés de construction ou de crédit.

Il produit à l'appui de sa demande :

1° Un extrait de son acte de naissance.

2° L'engagement de se soumettre aux constatations médicales.

3° La déclaration qu'il ne possède aucune autre maison et que celle en vue de laquelle il veut contracter une assurance rentre dans les limites prévues à l'art. 5 de la loi de 1894.

4° Le contrat d'acquisition ou de prêt passé, soit avec une société de construction ou de crédit, soit avec un particulier (décret, art. 13).

Le Directeur général de la Caisse des dépôts et consignations décide s'il y a lieu de refuser l'assurance ou de l'accepter.

Dans le *premier cas*, il *informe* le proposant de son refus, qui ne doit jamais être motivé.

Dans le deuxième cas, il transmet au comptable qui a reçu la proposition d'assurance, la police définitive en double expédition. (Décret, art. 18.)

Cette police, outre diverses mentions énumérées à l'article 19 du décret, porte l'engagement réciproque, pris par l'assuré d'acquitter les primes aux dates convenues, et par la Caisse d'assurances en cas de décès, d'effectuer le paiement des sommes assurées, en se conformant de part et d'autre, aux conditions particulières du contrat et aux conditions générales imprimées dans la police.

Les primes doivent être acquittées aux époques convenues ; leur montant varie selon l'âge de l'assuré, le capital garanti et le mode de paiement convenu. Le règlement de 1895 (art. 20 à 28) énumère longuement les différentes sortes de primes et la manière dont est effectué leur paiement.

Si la prime n'est pas acquittée dans les trois mois qui suivent l'échéance, le contrat est résolu de plein droit, quinze jours après une mise en demeure restée sans effet. (Décret, art. 29.)

En cas de résiliation du contrat de vente ou de libération anticipée des annuités souscrites, l'assuré peut obtenir la résiliation de son assurance et le paiement d'une somme égale à la valeur de la portion des primes antérieurement payées qui étaient afférentes aux risques postérieurs à la date de la résiliatien. (Décret, art. 31.)

Les assurés devant faire élection de domicile à Paris, toutes les actions qui pourraient être intentées à la Caisse d'assurances doivent être portées devant les tribunaux du département de la Seine.

CHAPITRE VII

Résultats de la loi du 30 novembre 1894 (1)

Il existait, au 31 décembre 1900, 93 Comités locaux répartis entre 52 départements.

Le nombre total des sociétés d'habitations à bon marché fonctionnant en 1899 s'élevait à 61, savoir :

Sociétés	anonymes	41
—	coopératives	14
—	de crédit	1
—	d'épargne	1
—	d'utilité publique . . .	4

Leur capital social est de 16.689.458 francs, sur lesquels 13.324.357 francs, c'est-à-dire 80 %, ont été versés. En outre, il a été contracté des emprunts pour 6.203.410 francs, ce qui donne, pour les ressources disponibles, un total de près de 23 millions (22.892.868 fr.).

La valeur des immeubles et des terrains appartenant à ces sociétés est de 18.844.915 francs.

Le nombre des maisons isolées construites est de 1907, qui se décomposent ainsi :

(1) Rapport présenté au Conseil supérieur des habitations à bon marché, au nom du Comité permanent, par M. Cheysson, *Journal officiel* du 24 avril 1901, p. 2689.

Maisons vendues.	545
Maisons en cours de vente . .	608
Maisons louées par bail simple .	754

Les 608 maisons en cours de vente ont une valeur de 3.564.394 francs, ce qui les fait ressortir en moyenne à 5.862 francs.

Sur cette somme, il a été payé jusqu'ici 1.122.195 fr., soit environ le tiers du total (31 %).

Quant aux 545 maisons vendues et entièrement libérées, elles représentent une valeur de 2.431.667 fr., soit une moyenne de 4.467 fr.

En outre de ces 1.907 maisons individuelles, on comptait 278 maisons collectives, comprenant 2.743 logements et ayant coûté 11.139.416 fr., soit en moyenne 40.000 fr. par maison et 4.000 fr. par logement.

En ajoutant ces 2.743 logements aux 1.907 maisonnettes, on arrive à un total de 4.650 familles, soit 15.000 personnes, dont les conditions d'habitation ont été améliorées ou transformées par les sociétés de construction.

Ce résultat doit être plus important encore si l'on tient compte de la répercussion exercée par ces maisons sur le taux du loyer, et sur la salubrité des maisons avoisinantes.

Voyons maintenant quelles ont été, en 1900, les conséquences fiscales de la loi du 30 novembre 1894 :

Le tableau suivant les indique clairement :

DÉSIGNATION	NOMBRE de DÉCLARATIONS ADMISES	CONTRIBUTION EXEMPTÉE		TAXE de MAINMORTE	PATENTES	TOTAL
		FONCIÈRE	PORTES ET FENÊTRES			
Communes de 1.000 habitants et au-dessous	4	619 04	931 06	»	»	1.550 10
Communes de 1.001 habitants à 5.000	16	2.980 47	2.935 61	322 06	24 »	6.262 14
Communes de 5.001 habitants à 30.000.	107	3.164 78	7.956 78	46 81	72 50	11.240 87
Communes de 30.001 habitants à 200.000, ou dans un rayon de 40 kilom. autour de Paris.	91	2.089 67	5.82 62	465 62	157 50	8.539 41
Communes de 200.001 habitants et au-dessus.	1	688 99	939 52	195 51	336 40	2.160 42
Ville de Paris.	2	957 30	456 32	»	650 »	2.063 62
TOTAUX. . . .	221	10.500 25	19.045 91	1.030 »	1.240 40	31.816 56

Quarante départements ont participé à ces exemptions, dans l'ordre suivant :

Nord	pour fr.	9.553 47
Seine	—	3.053 21
Somme.	—	2.968 05
Gironde	—	1.818 96
Seine-Inférieure . . .	—	1.256 22
Seine-et-Oise	—	954 44
Meurthe-et-Moselle . .	—	717 68
Manche	—	652 05

En ce qui concerne la dispense du timbre et la gratuité de l'enregistrement des actes nécessaires à la constitution des sociétés de constructions d'habitations à bon marché et de crédit, 4 sociétés en ont profité en 1900 et ont ainsi évité une dépense de 197 fr. 60.

Enfin, 21 sociétés, dans 15 départements, ont été exemptées de la taxe sur le revenu des valeurs mobilières, ce qui, sur un revenu de 24.625 francs au taux de 4 %, représente une exonération de 984 fr. 92.

Il n'a été fait aucun usage, en 1900, de la faculté laissée par la loi de 1894, de ne payer que par fractions les droits de mutation.

En récapitulant les différentes immunités fiscales, on trouve que, pour l'année 1900, elles se sont élevées au chiffre suivant :

Contribution foncière, propriété bâtie . . . . fr.	10.500 25
Contribution des portes et fenêtres	19.045 91
Taxe de main-morte	1.030 »
Patente	1.240 40
Timbre et enregistrement . . .	197 50
Impôt sur le revenu des valeurs mobilières.	984 92
Exonération totale. . .	32.998 98 (1)

Ce chiffre, bien que modique, est cependant très supérieur à celui des années précédentes.

Quoiqu'il en soit, il ne réalise ni les espérances des promoteurs de la loi de 1894, ni les inquiétudes de ceux qui voyaient dans ces immunités un péril pour nos finances nationales.

Depuis quelques mois, 14 sociétés nouvelles ont soumis leurs statuts à l'approbation du comité permanent du Conseil supérieur, afin de bénéficier des faveurs de la loi.

On ne saurait trop recommander à ces sociétés de suivre fidèlement les statuts modèles élaborés, avec tant de soin et de compétence, par la Société française des habitations à bon marché.

Malheureusement, au lieu de se conformer strictement à ces statuts, la plupart des sociétés en formation intro-

(1) *Journal officiel* du 24 avril 1901.

duisent, dans leur règlement, des variantes qui ne sont pas toujours heureuses et qui pourraient leur réserver, dans l'avenir, d'inextricables embarras.

Cette observation faite, il y a lieu de se féliciter du réveil signalé. Puisse-t-il être le prélude d'un mouvement sérieux et général, en faveur de l'habitation ouvrière !

CHAPITRE VIII

Aperçu critique sur la loi du 30 novembre 1894.

La loi du 30 novembre 1894 contient le germe d'une réforme considérable. Sans doute, les résultats qu'elle a donnés jusqu'ici ne répondent pas à l'attente de ses auteurs, mais les innovations successorales qu'elle consacre suffisent, quoiqu'il arrive, pour la sauver de l'oubli.

D'aucuns trouveront peut-être cette réforme bien modeste, dit M. Challamel (*Réforme sociale* du 16 décembre 1894, tome 8, 3e série, page 943). Mais faut-il s'en plaindre? Et n'est-ce pas plutôt ce caractère même qui l'a rendue possible? Même ainsi restreinte, ne faut-il pas y voir principalement ces deux choses : le souci de la famille qui fait sa rentrée dans nos lois, et l'arche sainte du Code civil enfin violée, sans que la nation ait tremblé sur ses bases? »

Quoiqu'il en soit, nous devons indiquer ici quelques vœux que nous inspire l'étude approfondie de la loi de 1894.

Le premier de ces vœux a pour but d'élargir le champ d'application de la loi, en en assurant le bénéfice à un plus grand nombre de personnes. Pour le réaliser il serait nécessaire d'élever les maxima des valeurs locatives fixées par l'article 5.

Il est difficile, en effet, de construire des habitations qui satisfassent aux exigences de l'hygiène sans dépasser les limites étroites de cet article et renoncer, par là même, aux avantages déjà si restreints accordés par le législateur.

D'autre part, il faudrait ouvrir plus largement les sources du crédit aux sociétés de construction. L'article 6 permet bien, il est vrai, à différents établissements publics, d'employer une minime fraction de leur patrimoine à favoriser l'édification de maisons à bon marché.

Mais il arrive trop fréquemment que les hospices, les hôpitaux et les bureaux de bienfaisance, sont trop pauvres pour prêter ; et d'un autre côté, les Caisses d'épargne, à part quelques-unes, administrées par des hommes aux idées larges et libérales, se refusent obstinément à entrer dans la voie où les convie le législateur de 1894.

Loin de nous la pensée d'obliger nos grandes caisses publiques à consacrer aux maisons ouvrières telle partie plus importante de leur patrimoine, mais nous croyons cependant que les ministres compétents pourraient, par des circulaires pressantes, inviter ces établissements à réaliser, d'une manière plus tangible, le vœu du Parlement.

Faute de crédit suffisant, la plupart des sociétés de construction sont condamnées à une vie végétative, impuissantes à réaliser l'œuvre qu'elles s'étaient proposée.

Que dire, ensuite, des avantages fiscaux concédés par la loi de 1894? Est-ce une bien grande faveur aux yeux des fondateurs d'une société, que l'exemption du papier timbré pour quelques pièces? De même, est-il juste de présenter comme un avantage, la dispense de patente, qui devrait être accordée de droit, puisque ces sociétés ne font pas œuvre commerciale?

L'exonération des contributions foncières pour cinq ans mérite-t-elle d'être prise en sérieuse considération, alors que toutes les constructions en jouissent déjà pour trois ans?

Pourquoi, enfin, assujettir ces sociétés à la taxe de mainmorte si elles procèdent par location? Cette taxe remplace, dans notre législation, les droits de transmission. Or, les sociétés acquittent ces droits par elles-mêmes, ou par leurs actionnaires, le jour où elles vendent un immeuble, le jour où leurs actions sont aliénées ou dévolues par décès.

Pour favoriser les sociétés de construction par des avantages réels, il faudrait diminuer les droits de mutation, au lieu de les échelonner en cinq années, exempter toutes les sociétés sans distinction de la taxe de mainmorte, qui n'a pas sa raison d'être en notre matière, supprimer les restrictions qui annihilent en fait la dispense de l'impôt sur le revenu, et rétablir, quant aux contributions foncières, l'exonération de dix ans qui avait été admise d'abord et qui fut supprimée par le Sénat.

L'article 8, le plus important de la loi, appelle aussi quelques remarques. Nous avons vu que ce texte attribue de préférence la maison au conjoint survivant, s'il en est co-propriétaire au moins pour moitié, et si le défunt n'a pas désigné l'attributaire. En retour, l'époux bénéficiaire doit payer des soultes à ses cohéritiers. Mais, s'il est vieux et incapable de subvenir à ses besoins, comment pourra-t-il s'acquitter ?

Il ne trouvera évidemment aucun prêteur, et si les intéressés veulent un paiement immédiat, cet époux survivant, qui par son travail aura aidé à l'acquisition de la maison, devra-t-il la quitter et aller vivre ses derniers jours loin du foyer domestique abandonné ?

Pour parer à cet inconvénient, il serait bon d'introduire dans la loi française une disposition d'après laquelle le conjoint aurait un droit d'usufruit sur la part de l'habitation revenantaux héritiers de l'époux prédécédé, sauf, bien entendu, volonté contraire manifesté par le défunt. (1).

Nous avons regretté aussi, en étudiant l'article 8, que l'attributaire de la maison n'ait aucun délai pour se libérer envers ses co-héritiers des soultes qui leur sont dues, ce qui l'oblige soit à emprunter à des conditions onéreuses, soit à renoncer à la propriété de la maison familiale.

---

(1) Voir en ce sens. CHALLAMEL. *Du nouveau régime successoral*, *Réforme sociale* du 16 février 1896, p. 15.

Pour remédier à cet état de choses nous proposerions d'accorder à l'attributaire un délai suffisant pour se libérer, à charge par lui, de payer, à ses cohéritiers victimes du retard, l'intérêt normal de sa dette.

Enfin, il existe en Amérique une institution sur le mérite de laquelle les économistes ne sont pas d'accord et dont, à notre avis, le législateur devrait doter la France : c'est le *Homestead*, qui consacre l'insaisissabilité des petits patrimoines.

Il ne suffit pas, en effet, de faciliter la transmission des habitations à bon marché, il est encore nécessaire d'en assurer le maintien dans la famille. Qu'importe, en effet, que la maison paternelle passe, au décès du chef de famille, entre les mains de l'un des héritiers, si cette maison est tellement grevée d'hypothèques qu'elle doive être vendue et devenir ainsi la propriété d'un étranger?

N'est-il pas vraisemblable que l'attributaire n'aura jamais une fortune suffisante pour payer les dettes paternelles et obtenir ainsi main-levée des hypothèques ?

Le remède à cette situation est dans l'insaisissabilité du bien de famille.

Sans doute, le *Homestead* aboutira à diminuer singulièrement le crédit de ceux qui se placeront sous cette législation; sans doute, il sera souvent choquant de voir un homme qui ne paie pas ses dettes continuer à jouir de ses biens sous l'œil de ses créanciers impuissants.

Mais il ne s'agit pas d'introduire brutalement, dans notre Code, le principe de l'insaisissabilité; il faudrait, avant tout, le réglementer et l'entourer de toutes les garanties désirables.

Le capitaliste peut, chez nous, se constituer une fortune insaisissable en achetant des rentes sur l'État.

La Française la plus riche peut, en se mariant, frapper d'insaisissabilité tous ses immeubles dotaux. Pourquoi l'ouvrier, pourquoi le paysan, ne pourraient-ils pas, eux aussi, prémunir leur maigre patrimoine contre les désastres possibles?

Si le *Homestead* était introduit en France, l'homme du peuple apprendrait à connaître pratiquement et à respecter davantage ces deux institutions séculaires, qui sont les remparts de notre ordre social : la propriété individuelle, fruit légitime du travail et de l'épargne, et l'héritage, qui, reliant intimement le père aux enfants, est bien la plus profonde et la plus sainte des solidarités humaines.

Nous pensons donc que le *Homestead*, dont l'expérience a été faite brillamment aux États-Unis, serait le complément nécessaire de la loi de 1894.

Cette loi du 30 novembre 1894 pourrait, malgré les critiques qu'elle soulève, rendre des services importants à la petite propriété. Malheureusement — et nous l'avons vu par les résultats qu'elle a donnés en 1900 — les intéressés ne profitent pas assez des avantages qu'elle leur offre, parce qu'elle n'est pas connue de ceux à qui elle pourrait être utile. Elle a été votée sans aucun débat, par la Chambre des Députés, et l'on sait que les discussions du Sénat n'ont guère le don de passionner l'opinion publique.

Travaillons donc à faire connaître cette loi de 1494, à la faire entrer réellement dans les mœurs. *Quid leges sine moribus ?*

Le temps est venu de diriger les économies de nos ouvriers et de nos paysans vers la propriété d'un foyer domestique.

Trop longtemps, l'épargne populaire a dormi dans les bas de laine; trop souvent, en notre siècle, elle s'est volatilisée entre les mains de financiers sans scrupule.

En multipliant en France le nombre des petits propriétaires, en leur donnant, avec une situation indépendante, la dignité de la vie, nous aurons procuré plus de stabilité aux familles et contribué, par là même, à la puissance de l'État.

DEUXIÈME PARTIE

PAR QUI DOIT ÊTRE RÉALISÉE L'AMÉLIORATION DES HABITATIONS OUVRIÈRES

TITRE PREMIER

De l'intervention des pouvoirs publics et de l'initiative privée (1).

L'amélioration des foyers populaires doit-elle être réalisée par les pouvoirs publics, c'est-à-dire par des collectivités agissant au moyen des budgets votés par les représentants des contribuables, ou bien, au contraire, faut-il s'en remettre à l'initiative privée du soin d'accomplir cette grande œuvre de régénération sociale ?

Cette question capitale mérite d'être examinée au seuil de l'étude que nous commençons, sans idée préconçue, afin de ventiler sur ce point l'erreur et la vérité.

L'intervention directe des pouvoirs publics semble légitime, efficace et nécessaire à deux écoles d'économistes, dont les idées font à l'heure actuelle de sérieux progrès : d'une part, les socialistes; d'autre part, les penseurs qui conçoivent les fonctions de l'État moderne comme appelées à une extension toujours croissante, et que nous nommerons, pour cette raison, les Étatistes.

Examinons successivement chacune de ces thèses.

---

(1) V. Rapport de M. Eugène Rostand au Congrès international des habitations à bon marché, tenu à Paris, les 18, 19, 20 et 21 juin 1900, publié par Challamel, p. 126, et discussion de ce rapport, p. 262.

CHAPITRE I

La thèse socialiste.

Le socialisme-collectiviste poursuit l'appropriation sociale du sol et généralement de tous les moyens de production et d'échange.

M. Jaurès qui, à l'éloquence persuasive du rhéteur joint l'imagination brillante du poète, nous a dit récemment comment se résoudrait, suivant lui, le problème des foyers ouvriers. Entrevoyant dans la ville enchantée que l'Exposition a fait surgir l'an dernier sur les rives de la Seine, le symbole de la société future que la révolution prochaine édifiera pour « l'éblouissement des hommes, » il a vu dans ce pouvoir de l'homme sur la matière inerte, la garantie que l'humanité renouvellerait bientôt « la structure même des cités selon une loi supérieure de justice et de joie. » « Oui, s'est-il écrié, quand elle ne se traînera plus dans l'ornière du profit capitaliste, quand elle pourra substituer de vastes et nobles demeures aux sordides logis des propriétaires, sans se demander si le capital trouvera une rémunération suffisante à cette œuvre de santé et de beauté, quand elle sera affranchie de la loi capitaliste qui est, dans l'ordre social, l'équivalent de la loi de la pesanteur, de sublimes architectures jailliront et s'ordonneront tout à coup pour abriter le prolétariat libéré et la vie humaine ennoblie (1). »

Jusqu'au jour incertain où se réalisera ce rêve, d'autres socialistes, plus pratiques que M. Jaurès, réclament la construction par l'Etat, ou plutôt par la commune, d'habitations ouvrières destinées à être louées à titre purement gratuit.

Suivant ces doctrinaires, l'édification de maisons populaires rentre dans les attributions normales des pouvoirs publics, comme la fourniture de l'eau, du gaz, etc...

Voici quelle est sur ce point la conception de M. Charnay (2). (Revue socialiste, février 1893 : le logement gratuit)

« La commune se substituera aux propriétaires et donnera le logement au prix coûtant, qui, dans un délai donné, se réduit à zéro. La commune construira des immeubles modèles dans des conditions telles, que pendant une première période de 25 ans, le total des loyers perçus permet de rembourser l'emprunt de construction, ainsi qu'un intérêt aux locataires gratifiés de bons et qui n'auront payé que 2/3 du loyer normal.

Pendant une seconde période de vingt ans, le total des loyers perçus permet d'amortir une nouvelle dette égale aux 6/10 de la dette primitive, ainsi que l'intérêt de leurs

---

(1) Cité par M. Rostand. — Voir Challamel *Compte rendu et documents du Congrès de 1900.*

(2) *Revue socialiste*, février 1893 : *Le logement gratuit.*

bons aux locataires qui n'auront payé que la moitié du loyer normal;

Pendant une troisième période de quinze ans, le total des loyers permet d'amortir une dette égale aux 2/10 de la dette primitive, le loyer n'étant plus que le tiers du loyer normal;

Après ces soixante ans, la dette étant éteinte, le loyer ne représente plus que les frais d'entretien, et le logement est gratuit. »

Ce système ingénieux est applicable à toutes les habitations « Que l'immeuble soit cher ou bon marché, dit M. Charnay, divisé en logements grands ou petits, habité par des riches ou des pauvres, le résultat est identique, la construction ne coûtera rien à la commune. Le logement devient un service public comme la police ou l'éclairage des rues. »

Telle est la thèse socialiste, tour à tour utopique et soi-disant pratique.

De la solution donnée par M. Jaurès nous ne dirons rien. Elle échappe à tout examen, et d'ailleurs les doctrinaires de l'école collectiviste, les alchimistes sociaux, ne sont même pas d'accord entre eux sur la structure du monde nouveau, refondu par la révolution libératrice. Quand M. Jaurès nous montre de vastes et nobles demeures se substituant, comme par enchantement, aux sordides logis, par la seule suppression de la propriété capitaliste, nous ne pouvons qu'admirer la fertilité de son imagination et nous déclarer incompétent pour discuter ce miracle social.

La thèse, plus pratique à première vue, de M. Charnay repose sur cette idée qu'il est nécessaire de municipaliser les habitations, comme on l'a fait pour l'eau, le gaz, etc...

Mais un simple examen de la question suffit à se rendre compte qu'il n'y a aucune assimilation possible entre ces différents services d'intérêt général et le besoin de l'habitation.

Alors que tout le monde consomme la même eau, brûle le même gaz, le besoin du logement varie avec chaque famille, avec chaque personne. Chacun veut y pourvoir soi-même, parce que les sentiments les plus intimes et les plus respectables sont intéressés dans tout ce qui a trait au foyer domestique. Au surplus, comment discuter la combinaison de M. Charnay qui permettrait à la commune de fournir le logement au prix coûtant, pour aboutir, au bout d'un certain laps de temps, à la gratuité absolue ?

Elle exigerait un inextricable mécanisme d'obligations amortissables, de bons délivrés aux locataires Le plus clair résultat de cette mirifique combinaison serait de nécessiter un nombre infini de nouveaux fonctionnaires pour surveiller l'exécution de l'opéraion fina ncière. De sorte que la société future, si idéale qu'elle apparaisse à ses prophètes, ne sera pas plus que la nôtre préservée de la plaie du fonctionnarisme parasite.

CHAPITRE II

La thèse étatiste.

Il se produit de nos jours, dans tous les pays, un mouvement général en faveur de l'extension du rôle de l'État.

La civilisation, au lieu de restreindre les attributions des gouvernements, tend, au contraire, à les accroître de jour en jour.

D'après les idées actuellement en cours, l'État ne doit pas être seulement le gardien de la sécurité, il doit se montrer l'agent de perfectionnement de la vie nationale, le propagateur du progrès social et matériel.

Contre ces prétentions des étatistes, l'école libérale expose les vices de l'intervention de l'État dans le domaine individuel, l'augmentation des charges publiques pesant même sur les minorités opposantes, le développement du fonctionnarisme, l'énervement des caractères, l'affaiblissement de l'esprit d'entreprise, la responsabilité énorme encourue par les gouvernements.

Entre autres idées, les étatistes soutiennent que c'est aux pouvoirs publics qu'incombe le devoir de construire les habitations ouvrières.

Voici quels sont les arguments que fait valoir cette

école, clairement exposés et magistralement refutés par M. Eugène Rostand, au Congrès international des habitations à bon marché, tenu à Paris, en 1900.

1° L'initiative privée, réduite à ses seules forces, est impuissante à combattre le mal si grave des habitations insalubres. Seuls, les pouvoirs publics, jouissant de moyens d'action plus efficaces, lutteront utilement contre le fléau des mauvais logements.

Pour réduire à néant cette assertion, il suffit de considérer les résultats obtenus dans quelques villes où l'initiative privée a résolument attaqué le combat.

Est-ce une œuvre à dédaigner que celle de la société lyonnaise des logements économiques qui avait en location, en 1900, 1.437 habitations améliorées (1)? Est-ce un résultat insignifiant que celui donné par un petit pays comme la Belgique (2), où en moins de dix ans, 120 sociétés ont prêté 30 millions de francs pour remédier au mal des logements insalubres, et que celui offert par la seule ville de Liège où une seule société, *le Foyer de l'Ouvrier*, a bâti près de 1.100 maisons? Est-ce une preuve d'impuissance que l'œuvre réalisée par les compagnies de logements modèles de Londres, qui abritent plus de 50.000 personnes dans 10.000 habitations?

Que dire, enfin, de la fondation Peabody qui, dans la même ville de Londres, loge actuellement plus de

---

(1) *Bull. Soc. franç. habit. à bon marché*, 1901, N° 1, p. 46.
(2) *Bull. Soc. franç habit. à bon marché*, 1901, N° 3, p. 209.

20.000 personnes, et qui, si les calculs sont exacts, pourra, en 1961, donner asile à 350.000 familles (1)?

Nous pourrions multiplier les exemples : ceux qui précèdent suffisent pour montrer qu'en présence de pareils résultats, il est faux de proclamer l'impuissance de l'initiative privée.

2° La fourniture du logement rentre naturellement dans les attributions normales de la commune, comme la fourniture de l'eau, de l'éclairage, etc.

Nous avons eu déjà l'occasion de dire qu'il est impossible d'établir la moindre assimilation entre ces différents services d'intérêt public et le besoin de l'habitation.

Quant à prétendre que la commune est particulièrement qualifiée pour fournir le logement, c'est là une affirmation qui ne résiste pas à l'examen le plus superficiel.

Le pouvoir local est, en effet, plus dépendant qu'aucun autre du corps électoral, parce qu'il en est plus rapproché.

Exposé à des sollicitations nombreuses et pressantes, où s'arrêtera-t-il dans le choix des preneurs? Et si ces derniers, une fois installés dans la propriété communale, ne peuvent ou ne veulent plus payer leur loyer, la municipalité aura-t-elle le courage d'user contre eux des mesures de rigueur auxquelles recourent les particuliers? N'est-il pas à craindre que ces locataires — qui sont aussi les mandants du pouvoir local, — n'exigent des candi-

---

(1) Georges Picot. *Un devoir social et les logements d'ouvriers*, p. 159.

dats futurs un abaissement constant du taux de leur loyer ?

Un socialiste de haute valeur, M. Hector Denis, reconnaît lui-même le bien-fondé de ces objections. « L'intervention des communes, dit-il, serait redoutable, parce que le loyer ne tardera pas à être conçu comme impôt, et parce que l'enjeu des élections politiques pourra être dans les réductions de cet impôt. » (Actes du Congrès de Bruxelles, page 401.)

3° L'intérêt du propriétaire, qui cherche à obtenir de son immeuble le plus gros revenu, est en opposition avec l'intérêt général. La construction et l'exploitation par les pouvoirs publics seront désintéressées, et par là même doivent être préférées.

S'il faut reconnaître que la plupart des propriétaires cherchent à retirer de leur immeuble le revenu le plus élevé, est-ce une raison valable pour permettre aux pouvoirs publics de sortir de leur rôle, si lourd déjà par lui-même, et d'envahir des sphères qui appartiennent, par leur nature propre, à l'action privée? Est-ce la vocation naturelle d'un État, d'une commune, de bâtir des maisons, et ces collectivités ont-elles, même pour cette œuvre, de sérieuses aptitudes?

En admettant que la construction et l'exploitation par les représentants des pouvoirs publics, c'est-à-dire par des hommes élus, dépendants, sans esprit de suite, puisque leur puissance est instable, soient désintéressées au point de vue pécuniaire, le seront-elles aussi au point de vue politique? Il serait bien audacieux de répondre par l'affirmative.

Et comment ces hommes, agissant avec des fonds qui ne leur appartiennent pas, puisqu'ils leur sont fournis par les contribuables, seraient-ils, pour l'édification et l'exploitation des demeures populaires, de meilleurs gérants que les hommes de bien qui, au moyen de leurs propres capitaux, se consacrent à cette œuvre méritoire, sans ambition personnelle, mus uniquement par un sentiment de solidarité?

Rien n'est plus faux que de prétendre l'État plus qualifié que les particuliers pour la plupart des travaux d'intérêt commun.

Les allumettes fabriquées par l'État sont-elles plus inflammables que celles fournies jadis par les manufactures privées? Le tabac vendu par l'Administration est-il irréprochable?

Et les communes elles-mêmes, qui entreprennent la fourniture de l'eau, considérée cependant comme étant, au premier chef, un service municipal, n'ont-elles pas eu souvent d'énormes mécomptes?

Il suffit de rappeler ici l'exemple de la ville de Marseille qui, dans cette entreprise, n'a pu tenir compte ni de l'intérêt, ni de l'amortissement du capital.

Et ne devient-il pas banal de répéter que les immeubles appartenant aux administrations sont peu productifs, mal entretenus et souvent délabrés?

Non, il n'est pas vrai que les pouvoirs publics sachent,

mieux que les particuliers, construire et exploiter les immeubles. C'est le contraire qui est la vérité : l'Etat, la commune, sont toujours les pires constructeurs et les gérants les plus incapables.

Et, d'autre part, est-il juste de poser en principe que l'intérêt du propriétaire est, dans tous les cas, en opposition avec l'intérêt général ?

Il se rencontre encore, Dieu merci, de nos jours, des philanthropes que guide uniquement le souci du bien-être commun.

D'ailleurs, ce doit être l'effet de la libre concurrence de rétablir l'équilibre et l'harmonie entre l'intérêt personnel et l'intérêt de tous.

Confier à la bureaucratie administrative le soin de fournir le logement serait une expérience néfaste dont le premier résultat consisterait à introduire dans le foyer le contrôle le plus gênant, les formalités les plus tracassières, et la surveillance la plus insupportable.

4° La construction par les pouvoirs publics est moins onéreuse que par les particuliers : il sera donc possible aux premiers de fournir le logement à meilleur marché. D'autre part, les habitations édifiées par les pouvoirs publics serviront de modèle et de stimulant à l'initiative privée.

La première partie de cette affirmation n'est pas sérieuse.

Il est de notoriété publique que les entreprises exécutées par l'Administration coûtent plus cher que celles tentées par les particuliers. M. Georges Picot a révélé, au Congrès de Bruxelles tenu en 1897, le prix de revient des constructions du *County Council* de Londres.

« Les dépenses passèrent toute mesure, le prix de revient atteignit des chiffres que ne connaissait pas l'industrie. » (Actes du Congrès, page 411).

Lorsque la municipalité de Londres voulut, après le vote des lois sur l'expropriation des logements insalubres, construire des maisons pour les locataires expulsés, elle déboursa 41 millions pour abriter 22.750 personnes, soit le chiffre fantastique de 2.000 francs par personne, de 10.000 francs par famille ! (1)

Voilà la construction administrative qu'on prétend moins onéreuse que la construction par l'initiative privée !

Sans doute, par pur intérêt électoral, il sera loisible aux pouvoirs publics d'abaisser constamment le prix des loyers. Ils feront ainsi payer par les contribuables une partie du loyer des occupants, et ce n'est pas là, semble-t-il, un résultat bien conforme à l'équité.

Enfin, il peut être prétentieux d'affirmer que les habitations édifiées par l'Etat ou la commune serviront de modèle aux particuliers. Les garnis du *County Council*, célèbres par leur prix énorme, ne peuvent soutenir la comparaison avec les maisons si coquettes, si bien conçues de la *Ruche Roubaisienne*, dont nous dirons plus tard quelques mots.

---

(1) V. *Economiste français*, 8 janvier 1898.

Il est également faux de prétendre que l'initiative privée ait besoin d'être stimulée par l'Etat. Loin de les rendre plus actives, l'intervention administrative ne fait que décourager les meilleures volontés individuelles.

M. Georges Picot a dit au Congrès de Bruxelles (actes du Congrès, page 411) comment, à Londres, la seule annonce de cette intervention dans la construction d'habitations ouvrières a soudain tari dans sa source toute initiative particulière. Tous les intéressés se sont arrêtés.

« Leur raisonnement, dit-il, a été précis et décisif : si celui qui perçoit les taxes municipales se mêle d'élever des maisons comme nous-mêmes, nous ne sommes plus en présence d'une concurrence loyale.

» Toutes les conditions de la lutte sont troublées. Entre ce puissant maître, qui se nomme l'Etat ou la Ville et nous, il n'y a pas d'égalité. Taxes, eau, gaz, viabilité, tout sera à son profit. Nous ne pouvons lutter. Laissons passer l'orage, mais gardons-nous d'élever en ce moment de nouvelles constructions. »

Nous pouvons donc conclure que, loin de stimuler l'action individuelle, l'intervention administrative la décourage et la paralyse.

Méfions-nous de ces pernicieuses doctrines qui commencent par affirmer faussement l'impuissance de l'initiative privée pour édifier sur ses ruines l'omnipotence de l'Etat !

***

Telles sont les critiques qui ont été dirigées contre

l'action directe des pouvoirs publics dans l'œuvre des habitations ouvrières. Est-ce donc à dire qu'ils doivent rester indifférents en cette matière, et que, dans cette question à tous égards si importante, il n'y ait pour eux aucun rôle légitime?

Loin de nous la pensée de soutenir une pareille thèse; et puisque nous venons d'examiner les inconvénients inévitables de l'intervention administrative s'exerçant directement, il nous reste à indiquer dans quelle mesure elle peut se manifester dans l'amélioration des logements populaires.

1° D'abord, au regard de leurs fonctionnaires, de leurs agents, il est naturel que l'Etat ou la commune se comportent comme de véritables patrons. Nous verrons plus loin la grande part qu'a prise dans le mouvement l'initiative patronale pour procurer aux ouvriers des habitations satisfaisantes, ou leur faciliter l'accession à la propriété du foyer domestique.

Les pouvoirs publics ont qualité pour assumer, vis-à-vis de leurs agents, les mêmes obligations morales;

2° D'autre part, nous avons vu, dans la première partie, que la loi du 13 avril 1850 donne au Conseil municipal le droit de prescrire des travaux d'assainissement et même d'interdire la location des immeubles insalubres. Le maire, en sa qualité de chef de la police municipale, doit aussi assurer dans la commune la salubrité publique, et nul n'a jamais songé à lui contester le droit d'édicter pour les constructions neuves toutes les prescriptions exigées par l'hygiène moderne. En un mot, il est évident que les pouvoirs publics, ayant la responsabilité de la salubrité générale, puisent, dans les obligations qui leur incombent, des droits correspondants. et leur action, en cette matière, est non seulement légitime, mais encore désirable et nécessaire;

3° Les pouvoirs publics peuvent encore favoriser l'œuvre des logements ouvriers par des moyens indirects, mais cependant très efficaces.

Par exemple : la préoccupation constante des travailleurs est d'habiter le plus près possible de leur usine. Or, le plus souvent, les usines sont au cœur même des villes, et les terrains avoisinants sont d'un prix trop élevé pour qu'on songe à y édifier des maisons à bon marché.

Le devoir des municipalités, lors du renouvellement des contrats des Compagnies de tramways, sera de stipuler la création de trains à prix réduit, afin de permettre aux ouvriers d'habiter dans la banlieue, au grand air, et de se rendre à leur travail sans dépense sensible de temps et d'argent.

C'est là l'un des moyens les meilleurs, de combattre le mal des logements malsains.

4° Les pouvoirs publics pourront encore seconder puissamment l'œuvre des habitations ouvrières, en soutenant les efforts tentés dans ce but, par les individus ou les sociétés.

Ce mode de concours s'exercera de plusieurs manières : soit en exemptant ces maisons d'une partie des charges fiscales qui pèsent sur la propriété, soit en accordant des subventions aux comités locaux qui propagent l'idée ou aux sociétés qui la réalisent, soit en donnant à certains établissements publics la faculté de fournir aux agents de l'amélioration, des capitaux importants et peu onéreux.

Ces moyens ont été employés bien timidement, il est vrai, par la loi française du 30 novembre 1894 : exemption de la patente, gratuité de l'enregistrement, dispense du timbre, fractionnement des droits de mutation, décharge, pendant cinq ans, de la contribution foncière, allocation de subsides aux comités locaux, concours pécuniaire de la Caisse des Dépôts et Consignations, des bureaux de bienfaisance, hospices, hôpitaux et des Caisses d'épargne.

5° Un dernier mode de concours des pouvoirs publics, sur la légitimité duquel les hommes compétents sont en désaccord, est la collaboration pécuniaire de l'État ou de la Commune, par voie de prêts remboursables, ou au moyen de souscription d'actions.

C'est ainsi qu'une loi danoise, de 1898, autorise le Trésor à faire des prêts remboursables, aux sociétés de construction, et que la conférence nationale des sociétés belges d'habitations ouvrières a émis, le 15 juillet 1898, un vœu qui tend au même but.

Le plus grand danger de cette sorte d'intervention est dans la crainte de voir l'action de la puissance publique, exagérant de plus en plus son concours, sous la pression des besoins électoraux, se constituer complètement à l'initiative privée.

Ces différentes formes de concours, éloquemment exposées par M. Eugène Rostand, ont rallié la majorité des suffrages, au Congrès de 1900. Les économistes éminents qui s'y trouvaient réunis votèrent, après une longue discussion, un vœu ratifiant entièrement les conclusions du dévoué président de la Caisse d'épargne des Bouches-du-Rhône, en qui nous sommes heureux de saluer un apôtre convaincu de la cause des habitations ouvrières.

TITRE II

Des différents modes d'intervention de l'initiative privée.

I. — Initiative patronale.

II. — Action des sociétés philanthropiques ou commerciales de construction.

III. — Action des ouvriers réunis en sociétés coopératives de construction.

CHAPITRE I

Initiative patronale.

Le mal des logements insalubres était né avec la grande industrie, et la gravité de l'un croissait avec le développement de l'autre.

Mais il est juste de reconnaître que ce furent les grands industriels qui, les premiers, cherchèrent à enrayer le fléau dont ils étaient cause.

Ils s'occupèrent d'abord d'améliorer leurs usines.

Au début, ils avaient le plus souvent transformé en usines de vieilles maisons inhabitées, mal éclairées, mal aérées, nullement construites pour cette destination. Ces conditions déplorables étaient un obstacle à la productivité du travail et un danger perpétuel pour la santé de l'ouvrier.

Aussi, les patrons s'aperçurent-ils bien vite que leur intérêt et leur devoir leur commandaient d'approprier des locaux répondant mieux aux exigences de l'hygiène.

Ils y furent d'ailleurs forcés par les circonstances : le progrès industriel croissant sans cesse, les énormes machines ne pouvaient plus trouver place dans les usines étroites où s'accomplissait autrefois le travail : elles exigeaient des salles vastes et élevées, dans lesquelles se tenait un personnel de moins en moins nombreux.

Les patrons comprirent aussi que la productivité du travail de leurs ouvriers croissait en raison directe de leur bien-être, et de même qu'ils leur avaient procuré une usine spacieuse et salubre, ils résolurent de leur assurer un logement sain et confortable.

C'est donc leur intérêt même qui, au début, a poussé les patrons à construire pour leurs ouvriers, près de leur usine, des habitations salubres ; ils voulaient fixer autour d'eux et s'attacher par un lien matériel, tous ceux dont ils louaient les services. Ils évitaient ainsi des changements trop fréquents dans leur personnel.

C'est ainsi que, dès 1834, la Société de Blanzy élevait pour ses mineurs des maisons individuelles.

En 1835, M. André Kœchlin, Maire de Mulhouse, fit bâtir pour 36 ménages, choisis parmi ses ouvriers, des logements spacieux loués 12 à 13 francs par mois, c'est-à-dire moins de la moitié du loyer que ces ouvriers auraient payé ailleurs.

En 1850, les chefs des autres manufactures de Mulhouse imitèrent l'exemple de M. Kœchlin.

Depuis cette époque, cette initiative a été suivie un peu partout. Il serait impossible de fournir une nomenclature complète de toutes les tentatives faites par les patrons pour procurer à l'élite de leur personnel un logement satisfaisant et à bon marché.

Nous ne citerons que les principales :

Au Creusot (1), M. Schneider a fait édifier 800 maisons, et 400 aux alentours, qu'il loue à ses meilleurs ouvriers, moyennant le prix insignifiant de 5 à 8 francs par mois.

A Noisiel (2), M. Menier a bâti 200 maisons. Chacune lui revient à 5.000 francs. Il les loue 150 francs par an, ne retirant ainsi de son capital qu'un intérêt très modique.

Plus près de nous, la Compagnie d'Anzin (3) a construit ou acquis 2.628 maisons, qu'elle loue 6 fr. par mois, alors que le loyer normal devrait être de 13 fr. Elle s'impose ainsi, tous les ans, un sacrifice volontaire de plus de deux cents mille francs.

A Thaon (4), la blanchisserie a consacré 370.000 fr. à l'édification d'habitations salubres. Elles ont coûté chacune 3.480 fr. et sont louées 12 fr. par mois.

A Flixecourt (5), MM. Saint frères ont bâti 453 maisons habitées par 1 900 personnes. Chacune d'elles revient à 2.400 fr. Le capital ainsi immobilisé est de 1.100.000 fr., les loyers oscillent entre 65 et 80 fr. par an.

Près de Rouen, M. Waddington (6) a élevé 193 maisons, coûtant chacune 3.500 fr.; il en retire en moyenne 78 fr. par an.

---

(1) Rapport de M. G. Picot présenté au jury de l'Exposition universelle de 1889. (*Bull. Soc. franç. habit. bon marché*, 1891, p. 300).

(2) Rapport de M. Picot, op. cit., 1891, p. 299.

(3) Rapport de M. Picot, op. cit., 1891, p. 300.

(4) Rapport de M. Picot, op. cit., 1891, p. 301.

(5) Rapport de M. Picot, op. cit., 1891, p. 302.

(6) Rapport de M. Picot, op. cit., 1891, p. 302.

La Compagnie des Chemins de fer P.-L-.M. (1) a construit, à la Roche, 28 maisons contenant chacune quatre logements indépendants, auxquels elle a joint des jardins ne mesurant pas moins de 18 ares, loués 10 fr. par mois. Elle a dépensé pour ces 112 logements 600.000 francs, faisant ressortir le prix moyen à 5.355 fr et le loyer à 156 fr. 50.

Dans cette énumération, nous devons une mention spéciale à M. Godin, fondateur du Familistère de Guise (Aisne) (2). Ce philanthrope a procuré à ses ouvriers tous les agréments de la demeure du riche. Il habitait d'ailleurs au milieu d'eux et veillait lui-même à l'exécution fidèle des services généraux assurant le bien-être de tous. Jamais le Familistère ne fut ravagé par les épidémies qui s'abattaient parfois sur la contrée : les prescriptions rigoureuses édictées en temps utile ont toujours conjuré les effets des plus redoutables fléaux.

Les locataires ont la faculté de se procurer toutes les denrées, en détail, au prix du gros. Un médecin vient deux fois par jour se mettre à la disposition des ouvriers; les remèdes sont fournis gratuitement. Des bains chauds et froids, un lavoir, une bibliothèque, un théâtre, sont annexés au Familistère.

Aucun ouvrier n'est forcé d'y habiter, mais cet établissement a tant d'avantages, que M. Godin a dû faire

---

(1) Rapport de M. Picot, op. cit., 1891, p. 302.

(2) V. Muller et Cacheux. *Les habitations ouvrières en tous pays.*

construire, en 1877, un troisième corps de bâtiment destiné à loger 500 personnes.

Arrêtons ici cette liste nécessairement incomplète. Il n'est pas en France un seul département qui n'offre des modèles à imiter. Cette œuvre, poursuivie partout par le patronage industriel, constitue pour notre pays un grand honneur. Résolument abordée de tous côtés sous les formes les plus ingénieuses, elle témoigne d'un désir constant : celui d'établir le bonheur dans les foyers et le calme dans les esprits.

On peut aujourd'hui évaluer à plus de 20.000 le nombre des familles françaises logées grâce à l'initiative patronale.

Mais ce chiffre, si imposant qu'il soit, augmenterait considérablement si le patron pouvait retirer des capitaux consacrés à cette œuvre un intérêt commercial.

Sans doute, les institutions que nous venons d'énumérer procèdent d'une pensée généreuse : elles sont la preuve tangible de la sollicitude des patrons pour les travailleurs qu'ils emploient, elles poursuivent l'apaisement des haines soulevées aux cœurs des ouvriers par ceux qui font métier de prêcher la Révolution.

Mais il est des limites à la charité : les crises industrielles forcent les chefs d'industrie à restreindre leurs libéralités. Si les patrons pouvaient, tout à la fois, accomplir une œuvre généreuse et réaliser une opération commerciale, nul doute que la construction de maisons salubres ne prenne une extension considérable.

Nous ne pouvons guère citer qu'un exemple où le patron ait pu retirer de cette œuvre un intérêt normal.

C'est celui de M. Fanien, industriel à Lillers (Pas-de-Calais), qui a construit, près de sen usine, 160 maisons d'ouvriers. Vingt de ces maisons, bâties en 1886, lui ont coûté 2.265 francs chacune, terrain compris, et vingt autres, élevées en 1887, 2.086 francs seulement (1).

Le loyer de 2 francs 50 par semaine monte à 130 francs par an. Le produit brut varie donc entre 5 francs 60 °/₀ et 6 francs 20 °/₀, ce qui assure, dans ce dernier cas, un revenu net de 4 °/₀ environ.

Mais cet exemple est exceptionnel; le plus souvent, l'industriel qui bâtit à l'usage de ses ouvriers leur fait des concessions qui constituent pour eux un supplément de salaire, et pour lui un sacrifice quelquefois énorme.

Le tableau ci-dessous le prouve surabondamment (2) :

DÉSIGNATION	PRIX DE REVIENT	LOYER	POUR CENT BRUT
Noisiel	5.000 fr.	150 fr.	3
Thaon	3.480	144	4 1/6
P.-L.-M. La Roche. . .	5.355	156	2,9
Flixécourt.	2.400	80	3 1/3
Waddington	3.500	78	2 1/4
Anzin.	2.800	72	2 3/5

(1) Rapport de M. Picot, op. cit., 1891, p. 304.
(2) Rapport de M. Picot, op. cit., 1891, p. 303.

De ce revenu brut il faut déduire 2 °/₀ pour l'impôt, les réparations et les frais divers, ce qui laisse un revenu net souvent insignifiant.

La construction de maisons ouvrières est donc un pur acte de bienfaisance, possible seulement aux industries prospères.

D'autre part, il arrive le plus souvent que l'ouvrier ne sait pas reconnaître les sacrifices que s'impose, en sa faveur, le patron ; par ses méfiances injustifiées, il décourage les meilleures volontés.

La bienfaisante intervention du chef d'industrie, loin de lui attirer la gratitude, ne fait, au contraire, qu'accroître la suspicion. « S'il prend un tel soin de ma personne, disait un ouvrier-locataire, c'est qu'il veut me conserver malgré moi, c'est qu'il veut m'enchaîner, pour ainsi dire, à son usine. »

Les intentions les plus désintéressées ne sont-elles pas paralysées par une telle conduite ?

D'ailleurs, le fait de loger leur personnel est une charge très lourde pour nombre d'industriels. Il y a, pour eux, un grave inconvénient à immobiliser de la sorte des capitaux importants, dont ils peuvent avoir, en temps de crise, un impérieux besoin.

Aussi, certains patrons, qui sont entrés résolument dans cette voie, ont-ils cherché à rendre leurs ouvriers propriétaires de leur maison, en leur faisant payer le prix par annuités.

Cette combinaison présente quelques avantages : elle

permet au chef d'industrie de rentrer en possession de ses capitaux, et supprime pour lui les frais d'entretien, toujours si onéreux dans les logements pauvres. Car il est à remarquer que l'homme du peuple ne prend souvent aucun soin de la maison louée, de telle sorte que la plus grande partie des loyers doit être consacrée aux réparations que le locataire pourrait, s'il le voulait, exécuter à peu de frais.

Par contre, cette combinaison présente des inconvénients certains. Sans doute, la propriété de sa demeure donne à l'ouvrier d'élite la dignité de la vie ; elle resserre les liens qui l'attachent au sol natal. Mais fréquemment, la perpective d'un bénéfice à réaliser a vite raison de ces bons sentiments.

Que se passe t-il, en effet ? Aussitôt que le nouveau propriétaire trouve l'occasion de vendre sa maison pour un prix avantageux, il en profite, de sorte que les sacrifices consentis par le patron ont été faits en pure perte : ce sont des étrangers qui les recueillent.

D'autre part, il est un fait d'observation indéniable : l'homme du peuple a une tendance constante à s'endetter, pour satisfaire son plaisir passager ; il est encouragé, d'ailleurs, dans cette voie, par d'innombrables usuriers qui se livrent à l'exploitation éhontée de la classe ouvrière. Il est bien rare qu'il ait assez d'empire sur lui-même pour résister aux tentations et conserver longtemps la propriété de son foyer.

Enfin, à la mort de l'ouvrier, le patron, s'il ne veut

voir passer la maison entre des mains étrangères, est obligé de la racheter. Nous avons vu, en effet, que la loi de 1894 se borne à prolonger l'indivision, et ne supprime pas forcément la licitation. Autre inconvénient plus grave encore peut-être : pour arriver à la propriété de sa demeure, le travailleur contracte des obligations trop lourdes, et se voit souvent forcé de manquer à ses engagements.

L'annuité qu'il doit payer en sus de son loyer est une charge au-dessus de ses forces. Maintes fois les industriels ont constaté que leur personnel préférait payer un loyer moins fort et être dispensé de l'annuité qui doit le rendre propriétaire.

Aussi, nombreux sont ceux qui ont renoncé à lui vendre les maisons construites à son usage.

Quelques patrons, enfin, ont eu recours à un dernier système, qui présente le grand avantage de respecter entièrement la liberté des ouvriers : ceux-ci, en effet, sollicitent d'eux-mêmes l'interventien du patron, qui leur prête la somme nécessaire pour bâtir une habitation, selon leurs goûts, d'après leurs plans, et située dans le quartier qu'ils choisissent eux-mêmes. Une hypothèque prise par le prêteur le garantit contre tous les risques, et l'ouvrier rembourse par annuités la somme prêtée, moyennant un intérêt modique.

Cette combinaison permet au patron d'échapper au reproche immérité qu'il encourt souvent, de ne voir dans le logement de l'ouvrier que son intérêt personnel.

Quelque soit le mode d'intervention adopté, les chefs d'industrie qui assurent aux travailleurs un foyer domestique ont le mérite incontestable d'arracher aux taudis inhabitables les édificateurs de la fortune publique, et, tout en respectant l'équilibre de leur humble budget, de leur procurer plus d'air, plus de lumière, plus de bien-être.

Cette initiative généreuse est aussi louable pour les patrons qui l'entreprennent, que pour les travailleurs qui savent s'en montrer dignes.

***

Dans cette nomenclature nous devons une mention particulière aux habitations économiques édifiées à Loos, par MM. Thiriez Père et Fils, filateurs (1). Elles méritent un vif intérêt, non seulement parce que leur voisinage de Lille permet de les visiter plus minutieusement, mais encore parcequ'elles réalisent, aux yeux des hommes compétents, le dernier mot du progrès en matière de maisons ouvrières.

Un vaste terrain, situé à proximité de la filature Thiriez, a servi d'assiette à 250 maisons, de grandeur différente, toutes bâties entre rue et jardin disposées par groupe de 5, 10 ou 15 autour d'un square spacieux. Les constructeurs ont fidèlement exécuté toutes les prescrip-

---

(1) V. Renouard et Moy. *Les institutions ouvrières et sociales du département du Nord.*

tions exigées par l'hygiène : un jardinet d'une centaine de mètres, annexé à chaque maison, permet la libre circulation de l'air et donne à profusion la lumière du soleil.

Chaque habitation forme un tout complet, le locataire s'y trouve tout à fait chez lui, n'ayant pas à partager avec le voisin l'usage d'une cour ou d'une pompe. De fréquentes discussions sont ainsi évitées.

Le prix de location des maisons varie entre 10 et 20 francs par mois, suivant leur grandeur et leur prix de revient. Celles dont le prix est le plus élevé sont habitées soit par les employés, soit par les ouvriers ayant une nombreuse famille. Les moins chères sont à l'usage de jeunes ménages ; elles sont louées 10 francs par mois, payable 5 francs par quinzaine.

MM. Thiriez retirent de ces constructions un revenu moyen de 2 1/2 à 3 % ; toutes sont bâties avec des matériaux de première qualité, munies de trottoirs et de petits aqueducs qui amènent les eaux ménagères dans un aqueduc central les conduisant dans les fossés de la ville de Loos, et de là à la Deûle. Le nom du locataire, gravé sur une petite plaque, est placé sur la porte de sa demeure.

L'œuvre de MM. Thiriez est essentiellement patronale : seuls, leurs ouvriers sont admis dans les habitations économiques, et encore faut-il qu'ils présentent des garanties d'honnêteté et de bonne conduite. Les sous-locations sont interdites. Les locataires s'engagent à ne loger dans leur maison que leur femme et leurs enfants non mariés, à moins d'une convention spéciale. Plusieurs fois par an est effectuée la visite des habitations, afin d'assurer la stricte exécution des prescriptions imposées par les patrons et consenties par les ouvriers.

Le prix du loyer est retenu sur la paye de la quinzaine. MM. Thiriez ont renoncé à rendre leurs ouvriers propriétaires de leurs maisons : ils préfèrent le régime de la location.

Lorsque l'ouvrier est en effet propriétaire de sa maison et qu'il échappe à toute surveillance, des abus sont à craindre. Souvent, il se retire dans une habitation plus modeste et loue celle qui lui appartient à un autre ouvrier, ou parfois à un débitant de boissons qui lui paiera un loyer plus élevé : il peut en résulter, pour tout le voisinage, des inconvénients nombreux.

Néanmoins, MM. Thiriez facilitent à leur personnel l'accession à la propriété d'une maison, mais en dehors des habitations économiques.

Notons aussi les 139 maisons ouvrières édifiées à Marcq-en-Barœul, près Lille, en 1854, par MM. Scrive Frères, connues sous le nom de *Cité Scrive*. A l'époque où elles furent construites rien de semblable n'avait encore été tenté dans le Nord.

Il faut rendre à la famille Scrive cet hommage mérité qu'elle fut la première, dans notre région, à prendre l'initiative de cette institution patronale (1).

---

(1) V. Renouard et Moy. *Les institutions ouvrières et sociales du département du Nord.*

De cette étude sort un sentiment de confiance en l'avenir. Plus souvent que ne le prétendent certains représentants haineux de doctrines décevantes, on peut rencontrer chez les chefs d'industrie une persévérance de bonne volonté que rien n'a découragée, pas même la suspicion de ceux pour qui cette bonne volonté travaillait ; une ingéniosité attentive à guérir les défiances, à éclairer les ignorances, à prévenir les difficultés, poursuivant au delà de vaines satisfactions passagères, un relèvement progressif du travailleur dans sa vie matérielle et dans sa vie morale.

Et dans cet effort prodigieux, nous voyons un mobile à la fois généreux et réfléchi : les patrons savent et n'hésitent pas à proclamer hautement qu'en aidant à cette œuvre, ils coopèrent au bien de tous. Ils disent que l'ouvrier plus heureux est un ouvrier meilleur. Leur honneur est d'avoir compris et d'essayer de faire comprendre aux autres, que le travail et le capital, loin d'être des intérêts opposés, sont au contraire deux forces nécessaires qui, ne pouvant se passer l'une de l'autre, ne sauraient trouver leur épanouissement que dans une conciliation sincère et loyale.

CHAPITRE II

Action des sociétés philanthropiques ou commerciales d'habitations ouvrières.

I. — Nécessité de faire payer à l'ouvrier le prix de location de sa maison.

Nous venons d'étudier l'action des patrons construisant autour de leurs usines des habitations pour leur personnel, et nous avons insisté sur ce fait que le prix du loyer qu'ils perçoivent constitue une rémunération plus apparente que réelle des capitaux consacrés à cette œuvre.

A ce propos nous devons ici développer une idée sur laquelle l'accord s'est fait chez la plupart des économistes, et qui, à première vue, paraîtra peut-être étrange dans ce sujet qui apparaît surtout comme philanthropique : c'est qu'une œuvre, comme la construction d'habitations ouvrières, exigeant des capitaux importants, doit, sous peine de péricliter, produire un intérêt normal (1).

Cette œuvre suppose des millions immobilisés pour un long laps de temps : on ne peut demander de pareilles

---

(1) Voir Challamel. Compte rendu et documents du Congrès international des habitations ouvrières de Paris, en 1900. Discussion du rapport de M. Picot, p. 194.

sommes à la charité des philanthropes. Les libéralités des Peabody, des Michel Heine sont rares : elles ne sauraient constituer des ressources régulières sur lesquelles on puisse compter.

Pour atteindre un résultat pratique, moins aléatoire, il faut attirer les capitaux : le moyen le plus sûr de décider les bonnes volontés hésitantes est la certitude d'un intérêt, sinon avantageux, du moins normal.

— C'est là, objectera-t-on peut-être, un point de vue bien étroit. Ce n'est pas un placement qu'on veut faire, c'est une bonne action. Soulager la misère, voilà le but poursuivi ; que vient donc faire ici la question d'intérêt ?

Cette objection part, sans doute, d'un excellent naturel, mais elle ne tient pas compte de la réalité des faits. Que ceux qui parfois participèrent à une œuvre de charité, se rappellent combien de démarches il faut tenter, de combien d'insistances il faut importuner les âmes sensibles, pour recueillir une somme souvent bien modique ! Or, le mal des habitations pauvres est immense ; il faut d'immenses capitaux pour l'enrayer, et l'expérience nous apprend que pour les trouver, il faut s'adresser non au cœur, mais à l'intérêt : il faut promettre un revenu.

C'est ici qu'apparaît une objection nouvelle.

— « Si l'on rémunère les capitaux employés, il faudra faire payer un loyer aux ouvriers, qui ne retireront ainsi de cette opération aucun profit pécuniaire. Ce n'est pas là de la véritable générosité. »

Il y a là un singulier malentendu qu'il importe de

dissiper. Ce que nous voulons, en effet, ce n'est pas faire une charité aux ouvriers que nous logeons; nous poursuivons une œuvre plus élevée de régénération sociale, nous voulons arracher les travailleurs du taudis où ils sont la proie de tous les vices, pour les transporter dans des milieux nouveaux et arriver ainsi à leur guérison physique et morale.

Mais nous n'entendons nullement leur assurer la gratuité du logement. Toute peine mérite un salaire, c'est là un principe essentiel édicté, non seulement par l'économie politique, mais encore par la morale. Il est nécessaire que les ouvriers paient pour la satisfaction de tous leurs besoins.

Qu'un pauvre père de famille, épuisé par la maladie, ou réduit par le chômage, réclame les secours du bureau de bienfaisance, rien de plus légitime! Qu'un vieillard, incapable de travailler, demande son admission dans un asile hospitalier, rien de plus naturel. Mais ce sont là des faits exceptionnels qu'il serait dangereux de généraliser. Procurer le logement gratuit à l'homme bien portant, capable de subvenir à ses besoins, constituerait une anomalie dont les conséquences seraient irréparables. Ce serait une prime à la paresse, un stimulant à la nonchalance. Or, il importe de ne jamais affaiblir l'obligation du travail. C'est l'oisiveté, mère de tous les vices, qui, à certaines époques de l'histoire, a causé la chute irrémédiable des classes supérieures.

Dites aux ouvriers qu'ils ne doivent plus épargner pour

payer leur loyer, et l'argent qu'ils destinaient autrefois à cet usage, ira remplir la caisse du cabaretier voisin. Le secours donné sous cette forme leur sera funeste. Il apportera dans la famille plus de paresse, mais non plus d'aisance.

Si ces observations sont vraies, nous pouvons en conclure que le logement doit être concédé à l'ouvrier non gratuitement, mais moyennant un loyer effectif.

II. — Sociétés philanthropiques ou commerciales de construction

Puisque l'ouvrier doit être considéré comme un locataire et payer le prix de location de sa maison, les patrons se sont un jour proposé de se réunir pour constituer entre eux des sociétés qui accompliraient, pour les travailleurs de toute une ville, l'œuvre que le chef d'industrie avait entreprise autour de son usine.

La plupart de ces sociétés poursuivent un but purement philanthropique, c'est-à-dire que leurs actionnaires ne touchent, en tout état de cause, qu'un intérêt modéré de leurs capitaux, et que les fonctions d'administrateurs y sont le plus souvent gratuites ; mais, si elles repoussent toute idée de spéculation, elles s'inspirent de l'idée que nous avons émise précédemment. Elles se souviennent qu'elles n'accomplissent pas une œuvre de charité, mais une œuvre de solidarité; elles savent qu'une bonne administration doit assurer la rémunération certaine des capitaux engagés, et que, faute d'atteindre ce but, elles sont vouées à une fin prématurée.

Telle fut la conception de M. Jean Dollfus, lorsqu'il fonda la *Société mulhousienne des Cités ouvrières*.

Bien que nous ne puissions plus, hélas! la compter au nombre des sociétés françaises, nous ne pouvons nous résoudre à n'accorder qu'un simple souvenir, dans une sèche énumération, à la *Société mulhousienne*.

C'est qu'en effet, elle peut se prévaloir non d'un effort d'un jour, mais d'une œuvre sanctionnée par un demi-siècle d'épreuve, c'est qu'elle a créé un type, donné son nom à un système, c'est que, grâce à elle, plus de mille familles ouvrières sont arrivées, par l'épargne quotidienne, à la propriété du foyer domestique.

* * *

A la suite d'études personnelles très actives, M. Jean Dollfus, maire de Mulhouse, avait fait élever à Dornach, quatre maisons de types différents, sous la direction de M. Emile Muller, architecte, dont le nom est inséparable du sien. Ces maisons furent louées, et au bout d'un certain temps, après avoir consulté les locataires et tenu compte de leurs observations, le type définitif fut adopté.

M. Dollfus s'occupa alors de la constitution d'une société. Il groupa autour de lui 71 actionnaires qui apportèrent chacun 5.000 fr.; le capital social fut donc de 355.000 fr. (1).

Disons de suite qu'un intérêt de 4 % leur fut toujours régulièrement distribué, et que de 1854 à 1888, la société édifia 1.124 maisons qui lui coûtèrent 3.485.275 fr.

Grâce à un ingénieux système d'amortissement, les locataires devenaient propriétaires de leur habitation : les paiements répartis sur une période de 15 ans étaient versés avec le montant des loyers. Les locataires avaient payé en 1888, 4.584.020 fr. et n'étaient redevables que de 424.949 fr. L'opération financière avait donc été couronnée d'un plein succès.

Le type adopté, comme partout sous le nom de type mulhousien, est très original et mérite d'être brièvement décrit : les maisons sont réunies par groupe de quatre, au milieu d'un jardin divisé en quatre parties égales. Chaque famille a ainsi son jardin exclusif; elle possède un angle de maison avec deux façades, ce qui permet d'ouvrir des deux côtés. Les maisons, d'aspect très riant, sont aussi très saines. Leur surface est de 40 mètres carrés, chaque jardin à 120 mètres. Elles ont une cave, et un étage divisé en deux chambres.

Le prix de revient du groupe est de 9.666 francs, soit 2.491 francs 60 par maison. Le loyer est de 187 francs 50 par an. Si le locataire consent à payer 6 francs de plus par mois, il devient propriétaire en quinze ans.

---

(1) Rapport de M. Picot. *Bull. Soc. franç. habit. à bon marché*, 1891, p. 306.

A peine achevées, les premières maisons furent louées; les acquisitions furent plus lentes. C'est que les ouvriers n'apprécièrent pas de suite les nombreux avantages qu'ils pouvaient retirer de l'opération. Au Ier janvier 1857, 72 maisons seulement avaient trouvé acquéreurs, sur 232 construites. Mais bientôt, les travailleurs comprirent leur véritable intérêt, et les habitations étaient achetées au fur et à mesure de leur construction.

Grâce à de prudentes réserves introduites dans les actes de vente, la société est parvenue à prolonger le bienfait de son œuvre : c'est ainsi qu'elle interdit de construire dans le jardin, de vendre ou de sous-louer la maison dans les dix ans qui suivent la date du contrat

Car si le fait de rendre l'ouvrier propriétaire présente de sérieux avantages, il n'est pas possible de dissimuler les inconvénients de cette situation. Sans doute, le sentiment de la propriété fixe au sol l'intéressé, il l'attache à son pays, lui fait comprendre le but de l'épargne, le rend capable d'efforts persévérants. Mais cette œuvre, si méritoire soit-elle, porte en elle-même quelque chose de précaire, puisque le locataire, devenu propriétaire de sa maison, peut non seulement en jouir, mais encore en abuser. L'aliénation, l'hypothèque, et toutes les formes de la transmission immobilière, peuvent faire de cette demeure édifiée avec tant de soins, payée avec tant de persévérance, un instrument d'exploitation entre les mains d'un acquéreur indigne.

La Société mulhousienne a donc agi sagement en

interdisant pendant dix années la vente de ses maisons.

Telle est l'œuvre gigantesque de Jean Dollfus, qui fut, dans cette voie, un initiateur généreux et dévoué. Il était bon d'insister sur ce magnifique effort.

Le type de Mulhouse est devenu classique, il nous suffira donc de mentionner par la suite les imitations qui en ont faites.

*
* *

L'expérience qui avait si bien réussi dans une cité populeuse d'Alsace méritait d'être tentée en France. Cependant, un long temps s'écoula sans voir se manifester cette tentative.

Pour vaincre cette inertie, M. Cacheux, l'un des propagateurs les plus fervents de la cause des habitations ouvrières, résolut de faire à Paris une expérience personnelle. Il fit édifier, sur divers points de la périphérie, quelques petites maisons, variant les types, multipliant les essais les plus divers. Son but était de déterminer un mouvement d'opinion. Il y réussit, en suscitant *la Société anonyme des habitations ouvrières de Passy-Auteuil* (1).

Cette Société se propose la construction de petites maisons salubres et à bon marché, dont le locataire puisse devenir propriétaire en vingt ans, par le paiement d'un

(1) Rapport fait au nom du jury de la classe 106, par M. Maurice LEBON Exposition universelle de 1900). *Bull. Soc. franç. habit. à bon marché*, 1901, N° 1, p. 52.

amortissement compris dans son loyer. Aux portes mêmes de la capitale, c'était là une entreprise bien audacieuse : la cherté des terrains et de la main-d'œuvre rendant l'opération plus difficile qu'ailleurs.

Constituée le 25 mai 1882, pour une période de 30 années, au capital de 200.000 frs, la Société avait construit, en 1900, 67 maisons, dont le loyer oscille entre 400 et 475 frs.

Au regard des locataires, l'entreprise a pleinement réussi. Quant aux actionnaires, ils ne touchent guère qu'un revenu de 2 %; la voirie et la canalisation, qui offrent, d'ailleurs, des modèles à imiter, ont considérablement abaissé le dividende. Quoiqu'il en soit, par les résultats moraux qui sont excellents, cette Société peut être classée au premier rang des sociétés philanthropiques.

Une œuvre plus considérable est celle de la *Société bordelaise des habitations à bon marché* qui, sous l'impulsion d'un homme de bien, M. Cazalet, déploie une incessante activité (1).

Fondée le 28 décembre 1893, elle se donnait comme programme, auquel elle est restée fidèle, de construire tous les ans, un groupe d'habitations ouvrières.

En 1894, était bâti le groupe Jean Dollfus, comprenant 14 maisons individuelles; en 1895 le groupe Jules Simon (28 maisons); en 1896, le groupe Jules Sieg-

---

Rapport de M. Lebon. *Bull. Soc. franc. habit. bon marché*, 1901, N° 1, p. 48.

fried (15 maisons); en 1897, le groupe Georges Picot (17 maisons); en 1898, le groupe Emile Cheysson (7 maisons); en 1899, le groupe Comte-de-Chambrun (10 maisons).

Dans ces diverses constructions se manifeste le souci constant d'apporter chaque fois une amélioration : c'est ainsi que, depuis 1898, la Société installe les bains-douches dans chaque demeure.

Ce progrès, si considérable au point de vue hygiénique, a pu être réalisé grâce à l'appui généreux d'une œuvre locale, qui compte à sa tête les mêmes hommes que la Société elle-même, et qui témoignent du zèle le plus éclairé en faveur des habitations ouvrières. La situation financière est bonne : la Compagnie d'Orléans et la Compagnie du Midi ont consenti chacune un prêt de 100.000 francs en faveur de cette entreprise, et la *Société française de crédit des habitations à bon marché* a mis à sa disposition une somme de 150.000 francs.

C'est le même sentiment philanthropique qui a donné naissance à la *Société immobilière nancéienne* (1). Fondée en 1872, elle puise son origine dans les douloureux événements de notre histoire. Au lendemain de la guerre, beaucoup de Français, voulant rester fidèles à la patrie perdue, désertèrent les provinces annexées, pour venir se fixer à Nancy, dont la population augmenta rapide-

---

(1) Rapport de M. Lebon, op. cit., 1901, N° 1, p. 50.

ment de 15.000 âmes. Cette ville n'étant nullement préparée à recevoir ces hôtes, les logements firent défaut.

Les nouveaux venus s'installèrent dans la banlieue, construisant eux-mêmes des maisons en planches, misérables et malsaines. Des hommes généreux, émus de cette détresse, résolurent de bâtir, à l'usage des annexés, des logements salubres et à bon marché.

De ce mouvement naquit la *Société immobilière nancéienne*, qui, en 1900, abritait dans ses maisons, 156 familles, soit 700 personnes, et avait permis à 59 ouvriers d'arriver à la propriété de leur foyer. Elle a construit 59 maisons isolées, d'un prix moyen de 5.500 francs, soit 324.500 francs. Elle a acheté deux cités ouvrières pour 102.500 francs. Elle a édifié 4 maisons collectives pour 486.000 francs. C'est donc une somme de près d'un million qu'elle a consacrée à l'amélioration des logements pauvres.

Mais l'œuvre la plus considérable qu'ait créée de nos jours l'initiative privée, marchant dans cette voie, est certainement celle de *La Société philanthropique de Paris* (1). Fondée en 1780, cette société a vécu au moyen de souscriptions volontaires et de dons qui ont été assez importants pour lui permettre d'étendre sans cesse son action.

Reconnue d'utilité publique dès 1839, elle a profité de ses ressources nombreuses pour créer des œuvres nou-

(1) Rapport de M. Lebon, op. cit., 1901, No 1, p. 50.

velles. C'est ainsi qu'en 1888, au moyen de fondations importantes, elle fut amenée à s'occuper des habitations ouvrières. Cette année-là, grâce à la munificence généreuse de MM. Heine, elle édifia une première maison collective, contenant 35 logements, rue Jeanne-d'Arc, puis trois autres maisons, contenant 45 logements, boulevard de Grenelle, 63 logements, avenue de Saint-Mandé et 58 rue Hautpoul. De nouveaux dons lui permirent d'élever trois maisons encore, rue d'Alsace et à Clichy, comprenant 67 logements (fondation Gouin), et une habitation à usage de 38 familles, rue de Clignancourt.

Le prix des loyers varie entre 169 et 377 fr., soit de 3 fr. 25 à 7 fr. 25 par semaine. Le revenu net est capitalisé et servira à construire de nouveaux bâtiments.

Nous devons noter aussi, parmi les sociétés les plus prospères de France, *La Société anonyme des logements économiques de Lyon*, fondée le 1er juin 1886, par MM. Aynard, Gillet et Mangini (1).

Son but était de bâtir des maisons hygiéniques et confortables destinées à la population ouvrière, et mises à sa disposition aux meilleurs conditions possibles.

Pour atteindre ce but, les associés s'interdisaient de faire produire aux fonds engagés dans l'entreprise un revenu supérieur à 4 %. Le succès fut tellement complet que la société, d'abord civile, se vit dans la nécessité d'augmenter son capital, et se transforma en société

---

(1) Rapport de M. Lebon, op. cit., 1901, N° 1, p. 45.

anonyme au capital d'un million. L'administration de la Caisse d'épargne et de prévoyance du Rhône n'hésita pas à participer à cette opération, aidant ainsi, de ses réserves, une œuvre qui intéressait si vivement nombre de travailleurs. Devant le succès toujours grandissant, la société fut autorisée, par son assemblée générale du 3 mai 1890, à doubler de nouveau son capital, ainsi porté à deux millions. La Caisse d'épargne de Lyon, pour conserver sa prépondérance dans l'entreprise, souscrivit mille actions nouvelles.

En 1900, la société possédait :

En location.	114	maisons	contenant.	1.365	logements
En construction. . .	3	—	qui contiendront	20	—
En projet sur terrain acquis	2	—	—	52	—
Total. . .	119	—	avec	1.437	—

Ce qui met au premier rang la tentative accomplie à Lyon, c'est le prix de revient des constructions. M. Mangini a employé un aggloméré de mâchefer qui durcit avec le temps et fait de la maison un véritable monolithe : aucun logement ne coûte plus de 2.500 fr. De cette économie, il résulte que l'opération de Lyon est très fructueuse. Cette société a pu faire sur le loyer une baisse de 30 %. Elle loge actuellement plus de 6.000 personnes.

Les loyers des habitations avoisinant ses immeubles ont diminué considérablement, à tel point qu'on peut affirmer qu'elle exerce son influence sur plus de 20.000 personnes.

La *Société lyonnaise* démontre victorieusement la possibilité d'unir le but philanthropique avec l'intérêt même des actionnaires.

C'est la *Société havraise des maisons ouvrières* qui nous offre le succès le plus complet qui, en France, ait couronné l'effort des constructeurs. Avec un capital restreint (200.000 francs), elle a édifié 117 maisons qui lui ont coûté 550.000 francs. Grâce au prix du loyer qui représente avec l'amortissement 10 °/₀ de la valeur de la maison, soit 300 à 600 francs, la propriété est acquise en 14 ans. L'intérêt de 4 °/₀, maximum fixé par les fondateurs, a été payé régulièrement chaque année aux souscripteurs d'actions (1).

La *Société anonyme des habitations économiques de St-Denis* (2), au capital de 450.000 francs, est appelée à rendre des services non moins grands dans un centre aussi important. Elle a construit deux groupes : l'un, *la Ruche*, qui contenait, en 1900, une population de 218 personnes ; l'autre, *le Foyer*, édifié en 1899 et qui recueillait, dès le mois de décembre de cette même année, environ 60 personnes.

Cette Société profitait récemment d'une aubaine inespérée : un généreux donateur lui faisait un don anonyme

---

(1) Rapport de M. Lebon, op. cit., 1901, N° 1, p. 17.
(2) Rapport de M. Lebon, op. cit., 1901, N° 1, p. 49.

de 130.000 francs, que la Société appliquait immédiatement à un nouveau groupe d'habitations : l'inauguration en sera faite dans peu de temps.

La *Société belfortaine* et la *Société rochelaise des habitations à bon marché*, poursuivent le même but (1).

Bornons ici cette énumération : il nous serait, en effet, impossible de présenter un tableau complet des efforts tentés, depuis un demi-siècle, pour donner à la famille ouvrière un toit et un foyer.

Mais nous devons dégager une idée générale qui ressort évidemment de l'examen des tentatives faites tant par les patrons que par les sociétés philanthropiques ou commerciales pour améliorer l'habitation pauvre. C'est l'idée que nous avons développée au début de ce chapitre et qui se trouve ainsi corroborée par une longue expérience : pour faire prospérer l'œuvre des logements ouvriers, il faut avoir le perpétuel souci de retirer des capitaux engagés un revenu normal.

Partout où le loyer est gratuit, l'œuvre est précaire.

Il faut laisser au travailleur l'indépendance dont il est jaloux. Le traiter comme un locataire, lui faire payer le prix de son loyer, c'est le relever à ses propres yeux, c'est faire à son profit l'éducation qui le préparera aux difficultés de l'existence.

La gratuité c'est la tutelle, la location au prix normal c'est la liberté.

---

(1) Rapport de M. Lebon, op. cit., 1901, N° 1, p. 56.

Il faut montrer franchement à l'ouvrier les obstacles à vaincre, le détourner des illusions, lui dire que, dans cette question comme dans toutes les autres, l'épargne est le seul moyen efficace.

Il faut lui indiquer le mécanisme des sociétés de construction et lui répéter que si, réduit à ses seules forces, il ne peut rien, il devient, au contraire, tout-puissant s'il sait utiliser ce levier merveilleux qui s'appelle l'association.

Puisque les épargnes accumulées des paysans et des ouvriers ont su former et alimenter ces entreprises grandioses qui sont l'orgueil de notre siècle, pourquoi seraient-elles désarmées vis-à-vis du problème de l'habitation?

Il nous reste à voir la part qu'ont prise dans cette question les principaux intéressés eux-mêmes : les ouvriers groupés en sociétés coopératives de construction.

Ce sera l'objet du chapitre suivant.

CHAPITRE III

Action des ouvriers réunis en sociétés coopératives de construction.

I. — Ce que peut la forme coopérative appliquée a la construction. — Exemple de l'Angleterre, des Etats-Unis et de divers autres pays.

S'il est une branche de la coopération qui prend ses racines au fond même et au meilleur de la nature humaine, c'est, sans nul doute, celle dont le but est de se créer un foyer.

Habiter une maison qui lui appartienne ou tout au moins qui lui soit louée par sa coopérative jusqu'au jour où il en deviendra propriétaire, n'est-ce pas là l'idéal pour un ouvrier sérieux et honnête ?

C'est en effet au foyer domestique que la famille se forme et se développe, c'est là qu'elle prospère ou qu'elle souffre.

Le foyer, c'est l'impassible témoin des affections, des réves, des travaux, des douleurs, des souvenirs, aussi, pour le riche comme pour le pauvre, l'acquisition de la maison n'a pas pour but unique une propriété matérielle, elle est la manifestation du besoin partout ressenti de conserver les témoignages de toute une existence.

Voilà pourquoi la dépense de l'habitation devrait être pour toutes les familles celle à laquelle sont subordonnées toutes les autres.

Pour répondre à ce besoin pressant de la vie, la Coopération s'offre à l'ouvrier comme une ressource des plus efficaces.

Sans doute, l'intervention patronale, l'aide des sociétés philanthropiques ou commerciales ont fait beaucoup pour atteindre le même but, mais, sans dédaigner ces divers moyens d'action, il est bien permis d'affirmer qu'il n'en est aucun qui soit aussi puissant que la coopération. C'est que rien ne vaut, pour l'ouvrier, les œuvres qu'il fait siennes, auxquelles il participe d'une manière personnelle et effective. La construction de maisons ouvrières exige une intime connaissance des besoins, des habitudes, des ressources de l'ouvrier : nul n'est plus compétent que lui pour résoudre ce difficile problème. C'est une question non moins complexe de concilier le bon marché avec toutes les autres conditions que doit remplir l'habitation : ces difficultés toujours très grandes, il est nécessaire que le travailleur les pèse, les mesure et les affronte lui-même.

Mais, dira-t-on peut-être, pour une telle œuvre, il faut d'énormes capitaux que ne possèdent pas les pauvres gens. Erreur ! Si les individus isolés sont impuissants, ils peuvent surmonter les obstacles les plus infranchissables, s'ils savent mettre à profit cette force rénovatrice de la coopération.

C'est ainsi que, sou à sou, se sont formés les quatre

milliards des caisses d'épargne, répartis entre huit millions de livrets. C'est ainsi que la plus grande partie de la Rente, des titres du Crédit foncier, de la Banque de France, des Chemins de fer, en un mot, les quatre cinquièmes du revenu national sont entre les mains d'ouvriers, de paysans et de petits bourgeois (1).

Le jour où tous les intéressés le voudront, ils sauront par leurs efforts combinés, résoudre le problème capital de l'habitation ouvrière.

D'ailleurs, à l'objection tirée du manque de capitaux, l'exemple de l'Angleterre répond victorieusement. C'est surtout dans ce pays que le groupement des ouvriers s'est montré le plus fécond, sous la forme de sociétés de construction dites *Building Societies.*

Une *Building Society* se compose de deux sortes de coopérateurs : les uns sont actionnaires simples, les autres joignent à cette qualité celle d'emprunteur pour bâtir.

Les premiers trouvent dans la Société l'avantage de pouvoir se libérer de leurs actions par de petits versements mensuels, de plus ils perçoivent un dividende servi sur les bénéfices des opérations générales.

Aux seconds, la Société prête une somme qui ne peut excéder le montant des actions souscrites, sans qu'il soit nécessaire que ces actions soient libérées. Cette somme

---

(1) Voir *La lutte des classes*, par M. Cheysson, p. 11, et *La richesse en France et à l'étranger*, par M. de Foville (*Journal de la Société de statistique*, septembre 1893, p. 357).

doit être affectée à la construction d'une maison pour la famille. L'emprunteur peut se libérer par acomptes mensuels, en outre son compte est crédité d'un dividende perçu sur les bénéfices.

Voici donc comment opère celui qui veut se bâtir une maison : il prend un nombre d'actions dont le prix est égal au montant de la somme qu'il veut emprunter, en s'engageant à libérer ces actions par des versements effectués chaque mois et comprenant le principal et l'intérêt de la somme empruntée. La Société ne court aucun risque : elle a, en effet, une double garantie. D'abord les actions souscrites par l'emprunteur pour un chiffre égal à l'emprunt en principal et intérêts ; en outre une hypothèque prise sur l'immeuble, dont elle ne donne main-levée qu'au jour où la libération complète des actions a totalement amorti le prêt.

Ce mécanisme est assez compliqué, mais les avantages en sont nombreux. D'une part, la société qui recouvre chaque mois une partie des fonds prêtés peut avancer plus qu'un prêteur ordinaire.

D'autre part, l'emprunteur se libère par acomptes échelonnés. De cette manière, un ouvrier économe peut, au bout de douze ans, devenir propriétaire de sa maison, pour une somme qui ne sera guère supérieure à celle qu'il aurait payée en loyers.

Les *Building Societies* sont : les unes permanentes, les autres temporaires, c'est-à-dire qu'elles se constituent pour un nombre d'années déterminé ou jusqu'à ce que chacun de leurs membres ait pu obtenir un prêt. (1) Les actions sont de prix variés : depuis une livre sterling (25 fr.) jusqu'à 50 livres (1250 fr.). En général les ouvriers préfèrent l'action dont le prix oscille entre 1 et 10 livres (de 25 à 250 fr.).

Fondées depuis 1850, les *Building Societies* se sont peu à peu répandues. En 1879 on en comptait 1187, avec 338.435 sociétaires.

Au 1er Janvier 1889, le *Registrar general* comptait 2.021 sociétés comprenant 604.144 membres.

Dans ces dernières années, elles ont traversé une crise qui les a exposées à l'attention publique et qui a fait disparaître cinq énormes associations.

Cette crise violente n'a pu abattre un établissement modèle, la *Birkbeck Bank*, qui possède à elle seule 125 millions de dépôts.

Elle doit être attribuée à des défectuosités inhérentes au système et aussi à l'intervention de personnages malhonnêtes qui faussèrent le principe initial des sociétés de construction. Nous avons vu, en effet, qu'à l'origine, celles-ci avaient pour but exclusif de faciliter l'acquisition de maisons ou l'emploi rémunérateur de capitaux aux deux catégories de leurs membres : ceux qui empruntaient et ceux qui déposaient.

Mais plus tard, pour se procurer des resources plus

---

(1) V. Eug. Rostand. *La coopération appliquée à la construction (Bull. Soc. franç. habit. bon marché*, 1890, p. 325).

importantes, et étendre par là leur champ d'action, les sociétés acceptèrent les dépôts des personnes non affiliées à l'association. Elles atteignaient ainsi la limite qui sépare des banques de dépôts les simples sociétés de construction. Parmi ces dernières, quelques-unes, faisant un pas de plus, se livrèrent insensiblement à toutes les opérations de banque. Malheureusement, la contre-partie des fonds qu'elles recevaient était représentée par des avances à longue échéance, remboursables par versements mensuels : toutes celles qui ne prirent pas la sage précaution de se garder contre des retraits précipités par la stipulation d'un préavis ou d'autres sauvegardes, étaient exposées à succomber sous le coup des demandes de remboursement à vue.

La bonne réputation dont jouissaient les *Building Societies*, la sécurité qu'elles présentaient à leurs actionnaires et à leurs déposants, ne pouvaient manquer d'attirer la sollicitude suspecte de faiseurs d'affaires, qui fondèrent des associations gigantesques, attirant les petits capitaux par l'appât de gros intérêts, et qui se lancèrent dans de désastreuses spéculations immobilières.

Il en résulta quelques faillites scandaleuses, notamment celle de la *Liberator Building Society*, comprenant 20.000 intéressés, et qui laissa un passif de 75 millions.

D'autres sociétés succombèrent à sa suite, notamment la *Kent and Surrey* et la *London provident*, non moins infidèle à son titre que celle qui avait déjà *libéré* de leurs ressources ses actionnaires imprévoyants.

Cette crise, si dure à traverser, excita quelque temps la méfiance. Mais depuis, le public s'est remis de ses chaudes alarmes et le goût des Anglais pour la propriété s'est manifesté par un retour de confiance.

D'après un document soumis au Parlement, en 1894, 700 sociétés de construction détenaient alors des propriétés immobilières représentant à l'origine une valeur de 125 millions, sur lesquels il leur était dû plus de 100 millions (1).

Une des difficultés contre lesquelles les sociétés ont à lutter, c'est celle de trouver, pour gérer leurs affaires, des hommes compétents et honnêtes ; l'expérience a prouvé qu'elles sont souvent exposées à des détournements de fonds, qui se poursuivent inconnus pendant de longues années et qui les ruinent insensiblement.

En somme, malgré les années pénibles qu'elle a dû subir et les inconvénients trop souvent inséparables du système coopératif, l'œuvre des *Building Societies* est considérable et mérite d'être opposée sans crainte à ceux qui proclament l'impuissance de la coopération en matière d'habitations ouvrières.

L'Angleterre n'est d'ailleurs pas le seul pays où ce système ait réussi. Les États-Unis se le sont approprié, et dans ce continent jeune et fort, il a pris un développement plus considérable encore que sur la terre qui l'avait vu naître.

---

(1) Voir *Bull. Soc. franç. habit. bon marché*, 1894, p. 304.

Les associations portent ici le nom de *Building and loan associations* (Sociétés de construction et de prêt) (2).

Ce sont des institutions qui ne diffèrent des caisses d'épargne pures et simples que par les détails techniques et la manière de faire les versements et les avances. Les déposants conviennent d'effectuer leurs dépôts à échéance fixe et par le système d'achats de parts ou actions, ils indiquent l'importance finale des dépôts. Seuls, les déposants ont droit aux avances de la Banque; elle prête à celui qui promet l'intérêt le plus élevé, à condition que le nantissement soit bon, et par le système de la libération progressive des actions, elle assure le remboursement.

Les *Building and loan associations* sont conçues suivant trois types :

a) Les premières en date étaient constituées sur le type terminable. Les membres devaient s'affilier à l'association dès son début : toutes les actions arrivaient donc au même moment à leur libération. C'étaient de véritables associations de construction ; leurs résultats furent excellents. Leur nombre va aujourd'hui en décroissant ;

b) D'autres ont adopté le système sérial. Leurs membres étaient classés d'après la date de leur adhésion et répartis en séries dont les actions commençaient et achevaient en

---

(2) V. ROSTAND. *Bull. Soc. franç. habit. bon marché*, 1890, p. 339. — Voir une *Étude sur les sociétes de construction aux États-Unis*, par M. LEVASSEUR, de l'Institut (*Réforme sociale* du 16 mai 1896, p. 801.)

même temps leur libération. Ces associations temporaires sont les plus nombreuses.

c) La troisième forme est celle de l'association dite perpétuelle ou sur le modèle de l'Ohio, leurs membres peuvent entrer et se retirer à leur gré, sans perte pour eux-mêmes et sans détriment pour la Societé. C'est la forme aujourd'hui la plus populaire, elle convient mieux aux intéressés. Son introduction a marqué le début de l'extrême popularité des *Building and loan associations*.

Il existait en 1894 aux Etats-Unis 5.300 sociétés de ce genre.

L'Etat où leur diffusion a été vraiment prodigieuse est la *Pensylvanie* qui en comprenait à elle seule 1200. Sur ce nombre, près de la moitié étaient fondées dans la ville de Philadelphie. Dans cette cité qui compte près de un million d'habitants, 80.000 ouvriers environ sont propriétaires de leur maison.

L'exemple de Philadelphie, qui a mérité le beau nom de *City of homes* nous montre ce que peut l'union des travailleurs qui savent se servir de cette force prodigieuse qui s'appelle l'association.

Telles sont les applications les plus remarquables du système de prêt coopératif ayant pour but la construction ou l'achat d'une maison.

A côté de ce système, il en existe un autre qui, par un moyen différent, tend cependant au même résultat.

Les Sociétés qui l'emploient ne prêtent plus au coopérateur pour lui permettre de bâtir, elles construisent elles-mêmes, et une fois les maisons faites, elles les louent au coopérateur ou les lui vendent par amortissement graduel.

C'est en Danemark qu'il faut aller pour assister à la naissance de ce genre d'institution. « *La Société ouvrière de Copenhague pour la construction* » se forma vers 1865 (1). Les cotisations des sociétaires, jointes aux emprunts effectués, servent à édifier, dans la ville ou dans la banlieue, de petites maisons pour les sociétaires, qui, moyennant un prix modéré, peuvent s'en rendre propriétaires. Pour chaque action souscrite, le coopérateur verse 28 francs de suite, et s'engage, pour dix ans, à payer 0,50 par semaine. Les capitaux recueillis sont employés à la construction de maisons dont le prix de revient varie entre 6 et 7000 frs. C'est le sort qui désigne parmi les Sociétaires ayant au moins six mois d'inscription, celui qui se rendra acquéreur au moyen d'annuités. Le nombre des adhérents, de 200 qu'il était en 1867, s'élevait au 1er janvier 1900 à 14.000. C'est aux emprunts consentis par la caisse d'épargne de Copenhague que la Société danoise doit en grande partie sa prospérité : il est juste d'ajouter qu'ils ont toujours été régulièrement remboursés.

L'Angleterre, où le système du prêt coopératif a pris la brillante extension que l'on sait, a expérimenté aussi la seconde forme de coopération. En 1888 se constitua

---

(1) *Bull. Soc. franç. habit. bon marché*, 1890, p. 345.

à Londres, sous le nom de « Tenant cooperators » (1), une société dont le but est d'acheter ou de construire des maisons ouvrières pour les louer aux coopérateurs. Les bénéfices réalisés sont répartis entre les locataires au prorata de leur loyer. Ce dividende, au lieu d'être payé en argent est porté au crédit des sociétaires jusqu'à concurrence de la valeur de sa maison. Une fois cette valeur atteinte, il reçoit ce dividende en espèces. S'il cesse d'être locataire, il peut revendre ses actions, à moins que la Société ne lui en rembourse le prix.

La Hollande a vu naître et prospérer de nombreuses sociétés coopératives de construction, constituées suivant les mêmes principes (2).

En Italie, il n'est pas une ville de quelque importance qui n'ait sa coopérative de crédit, sa banque populaire, sa caisse rurale, alimentant sa société de construction (3).

En Belgique (4), favorisées par la loi du 9 août 1889, des sociétés du même genre se sont fondées et prennent un développement toujours croissant.

En Allemagne (4), sous l'influence de Schulze-Delitzsch, des coopératives de construction se sont fondées, notamment à Halle, à Insterburg, à Flensburg, à Berlin.

---

(1) ROSTAND, op. cit., 1890, p. 344.
(2) ROSTAND, op. cit., 1890, p. 345.
(3) ROSTAND, op. cit., 1890, p. 347.
(4) ROSTAND, op. cit., 1890, p. 346.

II. — Les progrès du mouvement en France

Pendant que dans les pays étrangers, l'œuvre des habitations populaires prenait un tel essor, la France n'offrit, jusqu'en 1890, aucun exemple d'un sérieux effort en ce sens.

Le mérite d'avoir donné l'impulsion au mouvement revient sans conteste à M. Eugène Rostand, président de la Caisse d'épargne des Bouches-du-Rhône.

Dans une magnifique conférence, faite à Marseille le 17 octobre 1890, M. Rostand exposait éloquemment les bienfaits de « la coopération appliquée à la construction. » Après avoir analysé les deux systèmes que nous avons exposés et montré les tentatives faites à l'étranger, il s'écriait : « Comprenez bien, ouvriers marseillais. Voici deux d'entre vous. L'un, qui n'est pas coopérateur, paie à son propriétaire 225 fr. ou 250 fr. de loyer; au bout de quinze ans, il a déboursé 3.750 fr. et rien ne lui reste. L'autre verse 350 fr. par an à une coopérative d'habitation. Dès le premier jour, il est chez lui, il a sa maison et son jardin, et au bout de quinze ans, pour ces 100 fr. de plus par an, soit 1.500 fr., 1° il a une propriété qu'il laissera à ses enfants, 2° il ne paiera plus de loyer jamais, c'est-à-dire que s'il vit encore vingt ans, il aura pu affecter à l'assurance, à la pension de retraite, à la réserve de sa vieillesse, les 250 fr. qu'il donnait autrefois à un tiers.

» Est-ce assez clair? La vérité ne vous apparaît-elle pas

là, lumineuse, évidente? Marseille peut avoir l'honneur de cette francisation d'un progrès économique (1)! »

C'est, en effet, à la ville de Marseille que revient le mérite d'avoir fondé en France, la première société coopérative d'habitation.

Le soir même de la confiance de M. Rostand, les auditeurs enthousiasmés cimentaient « la Pierre du Foyer » sur le sol de la vieille cité phocéenne.

L'assemblée générale de cette Société se réunit le 18 décembre 1891. Entre temps, le comité d'études poursuivait l'élaboration des statuts sous la direction éclairée de la Société française des habitations à bon marché. D'autre part, la caisse d'épargne des Bouches-du-Rhône, autorisée par une décision ministérielle, souscrivait 80 actions, soit 4000 frs. Grâce au concours dévoué de MM. Jules Simon et Eugène Rostand, qui adressèrent à la population marseillaise des appels éloquents, le comité réunit un capital primitif de 55 000 fr , sur lesquels 17.000 furent aussitôt versés.

Ainsi constituée, la jeune société coopérative se mit à bâtir les premières maisons.

Au 1er janvier 1897, le capital atteignait 76.000 fr. et les maisons construites représentaient une valeur de plus de 50.000 fr. L'intérêt distribué pour 1892 avait été de 4 % pour 1893, de 3,50 pour 1894, de 3,25 pour 1895-96.

Sans doute, l'œuvre de la « Pierre du Foyer » n'offre

---

(1) Rostand, op. cit., 1890, p. 353.

pas des succès matériels aussi certains que ceux qui ont couronné les efforts de la Société lyonnaise, mais nous ne pouvons oublier que nous sommes ici en présence d'une initiative patiente et courageuse de la petite épargne. Il n'est pas douteux que la marche de la *Pierre du Foyer*, encore lente, ne s'accélère dans l'avenir.

L'exemple donné par la ville de Marseille devait être imité. Au 1er Janvier 1901, sur les 61 sociétés d'habitations à bon marché ayant obtenu l'approbation de leurs statuts, on comptait 14 sociétés coopératives.

Il n'entre pas dans notre plan de faire la monographie de chacune de ces sociétés. Cependant, nous devons donner quelques renseignements sur celles qui ont affirmé leur vitalité par leur participation à l'Exposition universelle de 1900.

Le coin du feu, (1) à St-Denis (Seine) fut fondé le 18 août 1894, sous la forme de Société anonyme coopérative de constructions ouvrières à capital variable. Composée exclusivement d'employés et d'ouvriers, elle a le droit d'être fière des résultats obtenus ; le 15 avril 1896, les premiers actionnaires recevaient les 5 premières maisons. Le 15 avril 1900, c'est-à-dire quatre ans après, elle inaugurait sa 46e maison, et achetait de nouveaux terrains pour continuer son œuvre. Son capital, fixé primitivement à 30.000 francs, s'élève

(1) Rapport de M. Lebon. *Bull. Soc. franç. habit. à bon marché.* 1901, No 1, p. 51.

aujourd'hui à 300.000 francs. La caisse d'épargne et de prévoyance a consenti un prêt hypothécaire de 135 000 fr. à cette société, qui a émis en outre 300 obligations de 100 francs à 3 %.

L'Union foncière (1), de Reims, fut fondée en 1870, sur le modèle des *Building Societies*, sous forme de société coopérative à capital variable. Composée d'ouvriers désireux de se faciliter à eux-mêmes l'accès de la propriété, la société acheta des terrains, y construisit des maisons qu'elle vendit par annuités. Elle acquit des immeubles pour le compte de ses membres, auxquels elle laissa la faculté de se libérer par acomptes. Elle prêta des capitaux aux personnes qui voulaient se bâtir une maison et leur accorda un délai de vingt ans pour rembourser les fonds prêtés.

La Société anonyme coopérative de maisons à bon marché, *Le foyer Villeneuvois* (2), fondée en 1897, inaugurait l'année suivante, son premier groupe d'habitations, édifiées avec le produit d'une souscription publique. Ce groupe se compose de maisons isolées et de maisons doubles. Il comprend 8 pavillons et abrite 12 familles. Chacun des sociétaires-locataires peut devenir propriétaire de sa demeure, moyennant le paiement d'un loyer annuel, légèrement augmenté par l'amortissement. Nous devons citer aussi la Société civile coopérative, *La*

---

(1) Rapport de M. Lebon, op. cit., 1901, N° 1, p. 52.
(2) Rapport de M. Lebon, op. cit., 1901, N° 1, p. 54.

Famille, ds Saint-Denis; la Société coopérative de construction, *La Propriété populaire*; la Société anonyme coopérative d'habitations à bon marché, *Le Foyer*, de la Garenne-Colombes (France); le *Cottage d'Athis*, etc... .

Parmi toutes ces sociétés, nous devons une mention spéciale à la *Ruche Roubaisienne*, association locale qui a pris depuis quelques années un essor considérable.

Il nous eût été particulièrement agréable de tenter ici une monographie complète de la *Ruche*, de montrer ses débuts difficiles, le dévouement de ses promoteurs, l'aide qu'elle reçut des capitalistes dans cette cité de Roubaix, « ville sainte du collectivisme », de la suivre pas à pas dans sa marche et d'applaudir à ses progrès constants.

Cette étude complète ayant été faite avant nous (thèse de M. Droulers), il nous suffira de donner quelques renseignements sur cette société, à tous égards si intéressante (1).

Elle présente plusieurs particularités que nous devons signaler.

D'abord, son capital primitif de 51.000 fr divisé en 510 actions de 100 fr. était évidemment insuffisant. C'est qu'en effet, la *Ruche Roubaisienne* n'est l'œuvre ni de philanthropes ni de capitalistes : elle est née de l'initiative hardie et généreuse d'employés et d'ouvriers, vivant exclusivement du produit de leur travail. Ces laborieux,

---

(1) V. Challamel. *Compte rendu et documents du Congrès international de 1900*. Communication de M. Droulers, p. 225.

frappés du développement prodigieux des sociétés coopératives de consommation dans la région du Nord, pensèrent qu'il était possible d'arriver, par cette même vertu de l'association, à la propriété du foyer domestique, sauvegarde de leur dignité et de leur liberté.

A peine âgée d'un an, la jeune société, convaincue de l'excellence de son but, n'hésita pas à faire appel aux capitalistes ; elle lança, dès 1896, un emprunt de 250.000 fr , au taux de 3 %, qui fut bientôt couvert. Enhardie par le succès, elle renouvela, en 1898, une émission d'obligations pour la même somme, et l'épargne roubaisienne, grande et petite, se fit honneur de participer à cette œuvre de salut.

Le capital-actions fut porté à 75.000 fr. Mais le peu d'importance de ce chiffre, comparé au capital-obligations, apparut bientôt. Une garantie s'imposait en faveur des obligataires, et c'est ici que nous devons remarquer une particularité de la *Ruche* Elle consiste dans un organe spécial, « le Comité de contrôle des obligataires », institution nouvelle Son rôle consiste à s'assurer de l'emploi des fonds et à patronner l'œuvre dans ses émissions d'obligations. Son autorisation est nécessaire pour tous emprunts hypothécaires à contracter par la Société.

Une autre particularité de la *Ruche Roubaisienne* est la faculté laissée à tous les actionnaires de choisir leur lot de terrain et d'indiquer eux-mêmes, à leur fantaisie, le plan et le mode de construction de leur habitation. Cette faculté, très appréciée par les intéressés, donna lieu à des difficultés sans nombre et à des procès fréquents contre les entrepreneurs.

Aujourd'hui, l'harmonie s'est rétablie et la *Ruche* semble être entrée dans une ère de paix, indispensable à son accroissement.

Une fois la maison construite, le locataire paye un loyer correspondant à 7 francs 50 °/₀ de la valeur de l'immeuble, laquelle varie entre 3 000 francs et 5.700 francs Cette somme se décompose ainsi : 3 °/₀ pour l'intérêt des obligations, 4 °/₀ pour l'amortissement de la maison, 0 fr. 50 °/₀ pour les frais d'administration. Les 4°/₀ d'amortissement représentent le montant d'une prime annuelle d'assurance mixte sur la vie contractée au profit de la Société par l'actionnaire-locataire. Moyennant cette somme, ce dernier devient propriétaire au bout de vingt ans, ou s'il meurt avant cette date, ses héritiers acquièrent sa maison en toute propriété.

En 1900, la *Ruche Roubaisienne* avait bâti 168 maisons représentant un capital de 935.000 francs, grâce à elle, près de deux cents familles ouvrières étaient à cette époque devenues propriétaires de leur foyer.

Cet exemple local d'une société vivant et prospérant dans une grande ville industrielle montre ce que peut l'union d'hommes dévoués, marchant vers leur but avec la ferme volonté de l'atteindre.

La forme coopérative développe chez les associés qui l'emploient, le sens des affaires, l'esprit d'ordre et de suite sans lequel rien de durable ne saurait être édifié ; elle contribue à leur éducation morale et, les mettant aux prises avec les difficultés matérielles du problème social, elle les garde des vaines chimères et des irréalisables utopies, elle donne à leur activité un aliment substantiel.

Enfin, elle soulage la responsabilité des chefs d'industrie, dont l'ingérence est toujours exposée à passer pour indiscrète et à devenir suspecte aux yeux de ceux-là mêmes qui en recueillent tout le profit.

Peu à peu, au contact des syndicats professionnels, l'éducation de nos ouvriers se développe, ils apprennent à se servir des institutions de prévoyance et de mutualité. La forme coopérative est l'arme infaillible d'une démotie jalouse de prendre directement en mains la défense de ses intérêts.

TROISIÈME PARTIE

L'ÉTAT DES HABITATIONS OUVRIÈRES A LILLE

I

Le développement de Lille et le mal des logements insalubres.

Comme toutes les agglomérations urbaines où la population s'est considérablement accrue, Lille souffre depuis longtemps de la plaie des mauvais logements.

C'est que la grande industrie a pris dans notre ville une croissance rapide que nous allons essayer de retracer.

La Révolution, abattant l'édifice social établi depuis de longs siècles, avait détruit à Lille toutes les institutions et bouleversé les hommes et les choses.

Les industries lilloises qui, avant 1789, travaillaient pour toute l'Europe, avaient été atteintes cruellement par la crise effroyable qui suivit la Terreur.

L'antique fabrication des bourgeteurs, la sayetterie, impuissantes à lutter désormais contre la concurrence étrangère, ne nourrissaient plus que le quart des ouvriers d'autrefois.

L'industrie de la dentelle, qui employait jadis 15.000 ouvrières, n'en occupait plus que 5.000. Les 24 maîtres-fabricants de draps étaient réduits à 6, et sur leurs 120 métiers, 35 seulement continuaient à battre. Les fabriques de filterie, de velours, de toiles, étaient presque anéanties.

La population ouvrière de 35.000 individus en 1788, n'en comptait plus que 13.000 en 1797 (1).

Il fallait rendre la vie aux industries jadis si prospères.

Le décret consulaire du 3 nivose an XI organisa la Chambre de Commerce de Lille, qui se mit résolûment à la tête du mouvement régénérateur.

La filature de coton reprit un vif essor, grâce à l'emploi de machines nouvelles, et malgré l'opposition furieuse des fileurs sur petits métiers.

Mais la guerre avec l'Angleterre, toute puissante sur les mers, en nous privant de nos colonies, empêchait l'arrivée sur notre territoire des matières premières nécessaires à l'industrie lilloise, comme le coton, et aussi des denrées indispensables comme le sucre, le café.

Napoléon, dans un de ces éclairs de génie qui l'ont si souvent animé, résolut d'introduire en France l'industrie du lin, qui, dans son esprit, remplacerait avantageusement le coton dont nous étions privés. Par décret du 12 mai 1810, l'empereur promettait une récompense de un million de francs à l'inventeur du métier permettant la filature du lin.

Deux mois après, Philippe de Girard, dont la découverte devait faire la fortune de notre cité, écrivait à Napoléon. « Quand Votre Majesté proposait un prix à l'Europe, elle ordonnait à un Français de le mériter ».

Rien ne rend ingénieux comme la nécessité : la guerre

---

(1) V. Descamps (A.). *Lille : Un coup d'œil sur son agrandissement.*

interceptait chez nous l'arrivée du sucre de canne ; le décret du 25 mars 1811 ordonna de consacrer 32.000 hectares à la culture de la betterave. Encouragée par des subventions auxiliatrices, l'industrie naissante du sucre indigène se développa rapidement, et ce fut encore Lille qui l'expérimenta. MM. Crespel et Parsy établirent la première sucrerie, rue de l'Arc ; une autre se fondait bientôt à l'angle de l'Esplanade et de la rue d'Anjou. Profitant de l'immunité de tout impôt, neuf raffineries prospérèrent bientôt. Le sucre valait alors 900 francs le quintal.

Après les guerres de l'Empire, qui paralysèrent quelques années ces jeunes industries, la certitude de la paix causa une allégresse, dont les chroniques de l'époque nous rapportent les joyeuses manifestations.

Les débouchés extérieurs, trop longtemps fermés à nos produits, donnèrent à l'activité lilloise un nouvel aliment. Les machines à feu se substituèrent, dans les usines, à la force des bras : la première machine à vapeur fut montée dans la filature de coton de M. Mille, par Pierre Boyer, de Manchester, descendant d'une famille française chassée par la révocation de l'édit de Nantes.

Un savant, M. Delezenne, dont le buste se dresse au fronton de notre Institut de physique, faisait un cours public et gratuit de sciences, et installait, en 1823, dans la chaire de chimie appliquée aux arts, un jeune professeur, M. Kuhlmann, dont les travaux éminents ont fait faire un si grand pas aux progrès de sa ville d'adoption.

Un courageux industriel, M. Scrive, bravant la sévérité des lois anglaises, qui punissaient de mort les exportateurs de mécaniques, s'introduisait en Angleterre et dérobait aux Anglais, pièces à pièces, cachées dans des cornues à gaz, leurs machines à fabriquer les cardes. Mettant à profit la découverte de Philippe de Girard, méconnu et qui devait mourïr en exil, M. Scrive installait, en 1835, une filature de 2.000 broches dans la rue de Jemmapes.

Grâce aux efforts de constructeurs habiles et aux droits protecteurs dont la loi du 26 juin 1842 entoura l'enfance de l'industrie lilloise, la filature mécanique du lin devint bientôt très importante.

De 25 000 broches en 1840, elle atteigait 300.000 broches en 1857 pour tout le département du Nord. Le tissage suivait une progression parallèle, ainsi que la filature de coton.

Les spécialités accessoires à ces grandes industries, comme la construction des moteurs et des mécaniques, prenaient de jour en jour une extension croissante.

La fabrication de la céruse, introduite à Lille vers 1820 acquérait un développement considérable ; le seul arrondissement de Lille suffisait presque à lui seul aux 8 millions de kilogrammes qu'exigeait la consommation française.

La brasserie, la distillerie de grains, la raffinerie de sucre, adoptaient bientôt les procédés perfectionnés de fabricatien, et les innombrables moulins qui donnaient aux environs de Lille un aspect si pittoresque, disparaissaient sous les colonnes de fumée des machines assurant un travail plus rapide et plus régulier.

Tels furent les débuts brillants de l'industrie lilloise, ils avaient attiré dans notre ville une multitude de travailleurs qu'elle n'était nullement préparée à recevoir.

A cette époque, Lille était limitée dans l'étroite enceinte de ses fortifications, et son industrie provoquant l'arrivée d'un nombre toujours plus grand d'ouvriers, réclamait pour ses usines la majeure partie de l'espace disponible : l'habitation humaine était sacrifiée à l'installation des filatures et des tissages.

Aussi la condition de ces ouvriers était-elle des plus précaires.

Vers 1820, leur salaire moyen était de 2 francs par jour pour les hommes, de 1 franc pour les femmes, de 0fr. 45 pour les enfants de huit à douze ans, de 0 fr. 75 pour ceux de 13 à 16 ans (1).

Les contre maîtres gagnaient 3 fr. 25 par jour : ils pouvaient se payer le luxe d'une chambre.

Quant aux ouvriers, ils s'abritaient dans d'immondes taudis, à raison de 1 fr. à 1 fr. 30 par semaine, ou dans des caves mesurant 9 à 12 pieds de côté. Bon an, mal an, la semaine n'était pas complète : il fallait retrancher 52 dimanches, 52 lundis, 30 jours fériés, les jours de

---

(1) V. Dr Bécour. Ville de Lille. *Rapport général sur les travaux de la Commission des logements insalubres pendant l'année 1880*, p. 13.

chômage, de maladie, etc... Comment vivaient-ils ces jours-là ? Ils mendiaient. Ils quittaient leur bouge, leur quartier misérable, aux rues étroites et boueuses, et pieds-nus, quelques haillons couvrant leur nudité, ils parcouraient la ville, en implorant la charité des passants.

Il est intéressant de consulter à ce sujet les mémoires de M. Villeneuve-Bargemont, qui fut préfet du Nord, de 1828 à 1830 (1).

Voici cemment en parle cet auteur, dans son *Economie politique chrétienne* : « Sans instruction, sans prévoyance, abrutis par la débauche, énervés par les travaux des manufactures, entassés dans des caves obscures, humides, ou dans des greniers où ils sont exposés à toutes les rigueurs des saisons, les ouvriers parviennent à l'âge mûr sans avoir aucune épargne et hors d'état de suffire complètement à l'existence de leur famille, qui est presque toujours très nombreuse. Ils sont tellement ivrognes que, pour satisfaire leur goût des boissons fortes, des pères et souvent des mères de famille, mettent en gage leurs effets et vendent les vêtements dont la charité publique ou la bienfaisance a couvert leur nudité. Beaucoup sont en proie à des infirmités héréditaires. Il s'en trouvait, en 1828, jusqu'à 3.687 logés dans des caves souterraines, étroites, basses, privées d'air et de jour, où règne la malpropreté la plus dégoûtante, et où reposent, sur le même grabat, les parents, les enfants, et quelquefois des frères et sœurs adultes »

---

(1) de Villeneuve-Bargemont. *Économie politique chrétienne.*

Suivant M. de Villeneuve-Bargemont, il y avait à Lille, en 1828, 25 à 30.000 pauvres sur 70.000 habitants.

Cet état de choses existait, d'ailleurs, dans la plupart des villes manufacturières : la classe ouvrière eut à souffrir des misères cruelles pendant ces années d'essais, de tâtonnements qu'on a appelées la période chaotique de la grande industrie. Mais nulle part, croyons-nous, cette détresse ne fut aussi profonde qu'à Lille.

Emue de cette situation, l'Académie des Sciences morales et politiques désigna l'un de ses membres, le docteur Villermé, pour faire dans toute la France une enquête sur l'état physique et moral des classes ouvrières.

De l'ouvrage remarquable de M. Villermé (1), nous extrayons la description vraiment navrante qu'il fait de la misère lilloise :

« Le quartier de Lille où il y a, proportion gardée, le plus d'ouvriers pauvres et de mauvaise conduite, est celui de la rue des Etaques, et des allées, des cours étroites, tortueuses, profondes qui communiquent avec elle (2). Il comprend un espace de 200 mètres de longueur sur 120 mètres de largeur moyenne. Ces mesures sont exactes d'après un plan de la

(1) *Tableau de l'état physique et moral des ouvriers employés dans les manufactures de coton, de laine et de soie.* Paris, chez Jules Renouard, 2 vol., 1840.

(2) Ce sont les cours Muhau, Notre-Dame, l'Apôtre, Sauvage, à l'Eau, des Faces, Saint-Denis, Saint-Jean, du Soleil, Lottin, etc.

ville sur lequel je les ai prises. Le quartier dont il s'agit a 24.000 mètres carrés ou environ de superficie. Un recensement fait en 1826, et dont les résultats détaillés (par rues, cours, etc., et état civil des habitants) m'ont été communiqués, m'a fourni la preuve que sa population était alors de 2.967 individus. C'est, terme moyen, 8 mètres carrés de terrain pour chacun, presque comme à Paris, dans les quartiers des Marchés et des Arcis, où la population a moins d'espace que dans tous les autres.

Mais, dans ces quartiers de la capitale, les maisons ont au moins trois étages au-dessus du rez-de-chaussée, ordinairement quatre ou cinq, quelquefois six, même sept, tandis qu'à Lille, dans la rue des Etaques et dans les cours adjacentes, elles en ont deux ou trois au plus, en comptant pour un les caves qui, d'ailleurs, ne se voient pas, à beaucoup près, au-dessous de toutes les maisons. Par conséquent, les habitants y sont encore plus rapprochés les uns des autres, plus entassés, si l'on peut s'exprimer ainsi, que dans les deux quartiers les plus populeux de Paris. Je viens de mentionner la rue des Etaques et ses cours, voici comment les ouvriers y sont logés.

Les plus pauvres habitent les caves et les greniers .... Ces caves n'ont aucune communication avec l'intérieur des maisons : elles s'ouvrent sur les rues ou sur les cours, et l'on y descend par un escalier, qui en est très souvent à la fois la porte et la fenêtre. Elles sont en pierres ou en briques, voûtées, pavées ou carrelées, et toutes ont une cheminée, ce qui prouve qu'elles ont été construites pour servir d'habitation. Communément, leur hauteur est de 6 pieds à 6 pieds 1/2, prise au milieu de la voûte, et elles ont de 10 à 14 ou 15 pieds de côté.

C'est dans ces sombres et tristes demeures que mangent couchent et même travaillent un grand nombre d'ouvriers : le jour arrive pour eux une heure plus tard que pour les autres, et la nuit une heure plus tôt

..... Eh bien ! les caves ne sont pas les plus mauvais logements ; elles ne sont pas, à beaucoup près, aussi humides qu'on le prétend. ..... Les pires logements sont les greniers, où rien ne garantit des extrêmes de température, car les locataires sont aussi misérables que ceux des caves et manquent également des moyens d'y entretenir du feu pour se chauffer pendant l'hiver. »

Ainsi, M. de Villeneuve-Bargemont n'avait pas représenté les ouvriers de Lille sous des couleurs trop sombres, et l'on ne peut accuser d'exagération ni sa description, ni celle du docteur Villermé.

D'ailleurs, s'il fallait un troisième témoignage, il suffirait de se reporter au rapport retentissant, qu'en 1848 Blanqui envoyait à l'Académie des sciences morales et politiques. Nulle part, la misère des ouvriers lillois n'a été décrite en termes plus saisissants ; nulle part, l'horreur de leurs habitations n'a été peinte en un plus pitoyable tableau (1).

(1) *Rapport sur la situation des classes ouvrières en 1848*, par M. Blan.

C'est à cette époque que fut entreprise, contre les mauvais logements, la croisade passionnée, qui compta, au premier rang de ses héros, Jules Simon, l'infatigable apôtre de toutes les causes généreuses.

---

qui, publié dans les *Séances et travaux de l'Académie des sciences morales e politiques*, 1849, 2e série, N° 5.

II

Etat actuel des logements ouvriers à Lille (1).

La campagne, commencée avec tant d'ardeur, devait porter quelques fruits.

Aujourd'hui, nous ne rencontrons plus les noires misères que vit 1830, et les anciennes caves, si elles n'ont pas disparu, ne servent plus, Dieu merci ! à l'habitation humaine.

La ville de Lille s'est agrandie : elle a englobé dans son périmètre les communes de Moulins Lille, de Wazemmes et d'Esquermes, et dans sa banlieue, la commune de Fives.

Le décret de déclassement des fortifications, du 2 juillet 1858, décidait l'exécution immédiate de la vaste enceinte aujourd'hui terminée, et c'est en septembre 1860 qu'était opéré, dans le fossé du Calvaire de Saint-Etienne, le renversement du vieux rempart.

Quelques trouées ont fait circuler, dans les anciens quartiers, un peu d'air et de lumière.

---

(1) V. Féron-Vrau. *Des habitations ouvrières à Lille*, publié dans le *Bulletin de la Société industrielle du Nord de la France*, 1er trimestre 1899, No 106, p. 55.

Est-ce donc à dire qu'il n'y ait plus rien à tenter et que la question des logements ouvriers soit résolue à Lille ?

Loin de nous la pensée d'émettre une aussi audacieuse prétention. Nous pouvons même affirmer que, exception faite pour Paris, Lille est la ville de France où l'ouvrier est logé dans les conditions les plus défectueuses.

Cette situation ne frappe pas l'esprit de ceux que ne préoccupe pas spécialement l'étude de ce sujet : ils se sont habitués à voir toujours l'ouvrier dans le même cadre, jamais ils ne l'ont connu autrement.

Quant à l'ouvrier, faut-il le dire, il semble se complaire dans son milieu et ne pas désirer une maison plus saine, plus hygiénique ; lorsqu'en 1864, à la requête de la Commission des logements insalubres, l'habitation des caves fut interdite, cette mesure ne trouva nulle part une hostilité aussi violente que chez les malheureux qui passaient dans ces antres souterrains leur pitoyable existence.

Ce sera donc un progrès réel de reconnaître le mal et d'en signaler toute l'étendue.

Nous ne saurions entreprendre ici une étude générale des logements ouvriers lillois. Lille comprend, en effet, à côté de voies qui reçoivent le nom immérité de rues, plus de cent cours, courettes, impasses où vit une nombreuse population, dans des conditions lamentables.

Une enquête minutieuse sur « la situation des logements ouvriers » a été faite il y a quelques années sous la haute direction d'un philanthrope lillois, M. Féron-Vrau, que ce sujet intéresse particulièrement et que nulle infortune ne laissa jamais indifférent.

Cette enquête a été faite par paroisses : M. Féron-Vrau estime, en effet, que la paroisse est une division plus connue, plus ancienne et plus homogène que toute autre. De plus, l'enquête porte spécialement sur les familles visitées par la société de Saint-Vincent de Paul. Son auteur a pensé que cette catégorie offrait des conditions d'uniformité sociale et morale, de labeur et de pauvreté qu'il n'aurait pu réunir ailleurs au même degré.

De ce fait, il résulte cependant, à notre avis, que les enquêteurs ne sont pas descendus jusque dans les bas-fonds les plus reculés où croupit l'extrême misère lilloise.

Quoiqu'il en soit, les résultats offerts par l'enquête de M. Féron-Vrau permettront de juger du sort de ceux qui sont plus misérables encore.

L'œuvre se divise en quinze fascicules : nous en extraierons les données ayant trait à deux quartiers : St-Sauveur et St-Michel, les deux plus voisins de notre Faculté de Droit, et qui, pour cette raison, nous intéressent à juste titre.

I. — Le quartier St-Sauveur (1)

Ce quartier, célèbre dans les fastes lilloises, fait partie

(1) Pour les renseignements statistiques, voir *Enquête sur la situation des logements ouvriers à Lille : paroisse Saint-Sauveur*, brochure parue chez H. Morel et Cie, Lille, sous la direction de M. Féron-Vrau.

de l'ancien Lille : l'observateur y est frappé tout d'abord par l'entassement des constructions et par la densité de la population.

La plupart des rues y sont étroites, sans air, coupées par des ruisseaux stagnants. On y retrouve aujourd'hui la célèbre rue des Etaques, qui n'a rien perdu de son antique insalubrité; les rues du Curé St-Sauveur, du Croquet, de la Vignette, des Robleds, de Poids, et bien d'autres encore, ne valent guère mieux : de nombreuses familles y vivent, la plupart, très malheureuses. L'enquête a porté sur 60 d'entre elles, comprenant 396 personnes. Chacune se compose en moyenne du père, de la mère et de cinq enfants.

Ces 60 familles occupent 96 pièces, éclairées par 167 fenêtres.

27 d'entre elles occupent une seule pièce.
30 — — deux pièces.
3 — — trois —

Rien n'est plus cruel, dans sa sécheresse, que cette constatation : 27 familles, sur 60, composées chacune de 7 personnes, condamnées à vivre, à manger, à dormir, dans une pièce unique, où règne le plus souvent une atmosphère viciée, obligées à la promiscuité des sexes, des malades et des bien-portants, et trop fréquemment hélas ! des vivants et des morts !

De telles épreuves ne doivent-elles pas nécessairement étouffer la vie morale, chez ces gens que les difficultés incessantes de l'existence abaissent fatalement et rendent incapables de lutter ?

Les 96 pièces habitées par nos 60 familles sont situées : 22 au rez-de-chaussée, 28 au 1er étage, 23 au 2e étage, 15 au 3e et 4e étage, et 8 dans des mansardes. 41 de ces chambres prennent jour sur la rue, et 55 sur la cour.

Quant à la capacité des logements et à la quantité respirable d'air qui y circule, les résultats de l'enquête ne sont pas moins alarmants.

D'après les hygiénistes, la quantité d'air nécessaire pour entretenir à l'état normal la respiration humaine est de 6 mètres cubes par heure, soit, pour une nuit de 8 heures, 48 mètres cubes, dans une chambre hermétiquement close, où l'air ne pourrait se renouveler. Si l'on tient compte de la cheminée ou des fenêtres permettant le renouvellement, on peut réduire de moitié ce chiffre. M. le docteur Lavrand, dans son *Étude sur les habitations ouvrières*, admet, d'ailleurs, ce minimum de 24 mètres cubes par heure (1).

Or, le cube total des 60 logements étudiés dans le quartier Saint-Sauveur est en moyenne de 65 mètres cubes pour 7 habitants, c'est-à-dire de un peu plus de 9 mètres cubes par personne, au lieu des 24 mètres cubes prescrits par l'hygiène la plus élémentaire.

---

(1) *Enquête sur la situation des logements d'ouvriers : paroisse Sainte-Marie-Madeleine*, p. 12, parue chez H. Morel et Cie, Lille, sous la direction de M. Féron-Vrau.

Où trouver le reste ? C'est là un problème vraiment angoissant qui se pose pour chaque logement, tous les jours, et qu'il serait téméraire de chercher à résoudre.

Sans doute, les hommes, les adultes, peuvent s'échapper du taudis et respirer une atmosphère moins impure au cours de la journée, mais que dire des femmes, des malades, des enfants surtout, dont les faibles poumons sont condamnés à absorber sans relâche ce poison délétère ?

A cette question poignante la statistique de la mortalité infantile répond par un chiffre brutal, et quant à ceux que la mort ne fauche pas dès leurs tendres années, ils sont une proie toute désignée pour la tuberculose, tueuse de pauvres gens.

Le prix du logement n'est fixé par aucun tarif : il varie suivant la cupidité du propriétaire et la nécessité pour la famille de prendre possession du logement. Cependant, M. Féron-Vrau fait remarquer que plus une famille est nombreuse, plus elle est pauvre, et plus le propriétaire qui craint de n'être pas payé, exige un prix élevé. Les 60 familles étudiées paient un loyer qui varie de 22 fr. à 7 fr. par mois. Quelle que soit l'insalubrité de ces logements, leurs habitants y demeurent assez longtemps, ne pouvant en trouver de meilleurs. Deux familles vivent là dans la même pièce depuis 24 ans, une autre depuis 20 ans, 11 autres depuis plus de 10 ans.

De ce séjour prolongé, peut-on tirer argument pour dire, avec le proverbe, qne l'habitude est une seconde nature ?

Il serait cruel de puiser dans cette pensée un prétexte pour rester impassible devant une pareille détresse.

Que conclure de cette étude?

Toutes les familles étudiées à Saint-Sauveur et qui, répétons-le, ont été choisies au hasard parmi celles, très nombreuses, secourues par la Société de Saint-Vincent-de-Paul, vivent dans des logements toujours insuffisants, le plus souvent sordides.

Aucun d'entre eux ne procure assez d'air, assez de lumière, aux malheureux qu'il abrite et qui portent sur eux, comme des stigmates perpétuels, les empreintes de la misère.

En présence de cette situation, que faire?

Lille est l'une des rares villes de France où la Commission des logements insalubres fonctionne sérieusement.

Composée de gens d'une compétence indiscutable et d'un dévouement à toute épreuve, elle a rendu d'importants services et pourrait en rendre plus encore si, comme nous l'avons souhaité, elle trouvait, dans un remaniement de la loi du 13 avril 1850, des attributions plus larges et des moyens de contrainte plus efficaces.

Pendant la seule année 1900 elle a tenu 44 séances, visité 447 logements dans 53 cours et cités diverses, fait 448 rapports et imposé 2.557 prescriptions (1)

D'autre part, c'est à l'Administration municipale qu'incombent la garde et l'entretien de la voirie, la salu-

---

(1) V. *Bulletin de l'Office sanitaire municipal*, p. 161.

brité de la voie publique et tout ce qui intéresse l'hygiène; elle doit veiller à l'exécution des règlements, qui sont loin d'être toujours respectés : les matériaux destinés à la construction de maisons ouvrières sont souvent de dernière qualité, les prescriptions édictées pour l'épaisseur des murs sont fréquemment éludées

La désinfection des logements peut produire des conséquences très profitables à la santé, par la destruction des miasmes morbides : les inspecteurs sanitaires lillois ont opéré en 1900, 657 désinfections, dont 577 d'office et 80 sur demande. La généralisation de ce procédé d'assainissement nous permettrait d'attendre avec plus de patience les habitations meilleures de l'avenir.

Enfin, la Municipalité pourrait reprendre les grands projets conçus autrefois, relatifs à l'expropriation dans les quartiers infects, et au percement de nouvelles voies plus larges et plus salubres.

Tel est le programme rapidement esquissé dont la réalisation ferait honneur à une administration soucieuse de la santé du travailleur.

Il ne faut pas que l'on puisse dire longtemps encore que la grande cité du Nord, qui glorifia Pasteur, bienfaiteur de l'humanité, laisse s'atrophier des familles entières dans des réduits sordides, indignes d'abriter des êtres humains!

II. — Le quartier St-Michel (1)

St-Sauveur est réputé pour recéler le plus de misère : nous voulons, pour n'être pas taxé d'exagération, dire quelques mots sur un quartier voisin, situé dans le Nouveau-Lille.

Le quartier St-Michel est de construction récente. Ses rues sont régulières et larges, nous n'y trouvons plus ces vieux bâtiments tombant en ruines, ces ruisseaux croupissants qui caractérisent la plupart des rues de St-Sauveur.

Toutes les constructions, édifiées après l'agrandissement de Lille, sont encore neuves : les plus anciennes datent de 35 ans.

C'est dire que les nombreux inconvénients résultant de la vétusté des habitations ne se produisent pas ici. Il semblerait que, récemment bâties, elles devraient être en progrès sur celles des autres quartiers plus anciens. A la vérité, ce progrès est minime, et nous devons déclarer que le quartier St-Michel contient des logements ouvriers dont la plupart sont encore bien défectueux.

L'enquête a porté sur 49 familles réparties entre 15 rues différentes et qui comprennent ensemble 282 personnes dont 191 enfants. Ces familles occupent 85 pièces éclairées par 91 fenêtres et 12 autres ouvertures.

---

(1) Pour les renseignements statistiques, voir *Enquête sur la situation des logements d'ouvriers à Lille : paroisse Saint-Michel,* parue chez H. Morel et Cie, Lille, sous la direction de M. Féron Vrau.

18	familles	occupent	une seule	pièce.
27	—	—	2	pièces.
3	—	—	3	—
1	—	—	4	—

Parmi ces chambres, 11 sont situées au rez-de-chaussée, 21 au 1er étage, 23 au 2e étage, 27 au 3e étage, 2 au 4e étage, il y a en outre une mansarde.

Le cube d'air moyen par tête est toujours insuffisant, il n'est que de 11 mètres cubes 1/2 au lieu des 24 mètres nécessaires.

Et encore, ce éhiffre a-t-il été calculé sans opérer la déduction de l'espace occupé par les literies et les meubles de toute nature.

Quant au prix des logements, il varie entre 25 francs et 5 francs par mois, suivant leur grandeur. La moyenne est de 11 fr. 20.

Ici encore la durée du séjour est assez longue, une famille habite la même maison depuis plus de 10 ans, 11 autres y ont fait un séjour de 6 à 10 ans.

Les logements sont rares et relativement très chers « Il faut bien, disait naïvement à l'enquêteur l'un des ouvriers visités, que le propriétaire se rattrape un peu sur les mois où l'on paie, car il en perd tant dans le courant d'une année ! »

En terminant cette enquête sur l'un des quartiers du Nouveau-Lille, nous devons signaler un danger qu'il est urgent de conjurer : c'est le morcellement indéfini de la propriété.

Si l'on relève, en effet, la superficie de nombreuses maisons voisines, on remarque que toutes occupent le même espace.

Par exemple dans un autre quartier en partie nouveau, St-Pierre-St-Paul, sur 1816 maisons, on trouve : (1)

	55	maisons de	12	mètres
	273	—	14	—
	375	—	16	—
	423	—	18	—
	216	—	20	—
soit	1345			

Il y a là, de la part de certains propriétaires, un parti-pris évident contre lequel on ne saurait trop protester. Il faut dénoncer ce système général de constructions édifiées sur un terrain toujours insuffisant, sans souci de la salubrité et du confort, dans le seul but de grossir les revenus du propriétaire.

L'Administration municipale puise dans ses pouvoirs de police le droit de réglementer d'une manière générale la hauteur, le mode de construction et la salubrité intérieure des bâtiments : qu'elle en use !

En matière de conclusion, nous devons constater que, dans les quartiers neufs aussi bien que dans l'ancienne ville, les ouvriers lillois en général et les plus pauvres en

1) V. *Bulletin de la Société industrielle*, 1899, N° 106, p. 83.

particulier, c'est-à-dire ceux qui sont chargés de famille, sont logés d'une manière lamentable au triple point de vue de la dignité, de la morale et de la santé.

Le tableau de la mortalité, due en partie à la défectuosité de l'habitation, va nous montrer l'étendue de la réforme qui s'impose, impérieuse, urgente.

III. — La mortalité lilloise en 1900 (1).

Les bureaux de l'état civil de Lille ont enregistré, en 1900, 5.422 décès, ce qui correspond, pour une population de 224.500 habitants (recensement de 1896), à 24,14 pour 1000 habitants.

Comme toujours, les quartiers pauvres ont fourni à la mort le plus fort contingent. C'est ce qui ressort de la statistique suivante. On relève :

25,16	décès pour 1000 habitants	dans le quartier du Sud.
24,88	—	à Moulins-Lille.
24,26	—	à Wazemmes.
23,73	—	à Esquermes.
23,11	—	à Fives.
22,94	—	à Saint-André.
20,60	—	à Saint-Maurice.
20,50	—	Gare.
16,05	—	à Vauban.
15,91	—	Hôtel-de-Ville.

(1) Tous les renseignements statistiques contenus dans cette section sont extraits du *Bulletin de l'Office sanitaire municipal*, 1900.

Sur les 5.422 décès, 845 sont dus à la tuberculose, soit 1 sur 6,4.

Cette situation a fini par émouvoir l'autorité publique : des ligues se sont fondées pour lutter contre ce fléau meurtrier, préconisant soit la création de sanatoria, comme en Allemagne, soit l'organisation de dispensaires spéciaux.

Quel que soit le moyen proposé, on peut affirmer d'avance qu'il est insufffisant Il ne suffit pas, en effet, de soigner et d'arracher à une mort certaire quelques tuberculeux : il faut avant tout empêcher les gens de le devenir. C'est en luttant contre la contagion et en mettant l'organisme dans de meilleures conditions de résistance que la maladie pourra être conjurée : pour atteindre ce but, il faut développer l'hygiène dans les familles et dans les habitations.

Dans les logements humides et encombrés se développent ces foyers de contagion qui s'étendent ensuite sur tout le voisinage et qui élèvent d'une manière effrayante le taux de mortalité des quartiers pauvres. La tuberculose exerce surtout ses ravages dans la classe pauvre, parce qu'elle rencontre trop souvent dans la misère qui l'étreint, un puissant auxiliaire.

Il est encore un point sur lequel nous ne saurions trop insister et que nous devons signaler à la sollicitude des pouvoirs publics : c'est la mortalité vraiment effrayante des enfants du premier âge. Sur 6.228 enfants nés pendant l'année 1900, 1.462 n'ont pas vu le 31 décembre 1900. Or, sur ces 1.462 décès, 868 sont imputables à l'athrepsie, soit 59.5 %. Et cependant, de toutes les maladies, elle est certainement celle qui peut être évitée le plus facilement.

Elle résulte, en grande partie, d'une mauvaite hygiène, et c'est ici que nous devons remarquer encore l'influence délétère des mauvais logements, sur la mortalité infantile. C'est aussi dans les quartiers pauvres que l'athrepsie sévit le plus cruellement.

Elle a occasionné :

35,15 %	des décès	au Sud.
31	—	à Moulins.
26,2	—	à Wazemmes.
25,3	—	à Fives.

quartiers ouvriers très peuplés ;

et seulement :

10 %	des décès	à l'Hôtel-de-Ville.
9,7	—	à Vauban.
8,7	—	à Saint-Maurice.

quartiers plus riches.

En somme, Lille est l'une des rares villes où la mortalité des enfants de moins de un an atteint le chiffre formidable de plus du quart des décès. Ainsi, lorsque

Lille	donne	1	décès d'enfant	de moins de	1 an sur	3,3	décès.
Paris	—	1	—	—	—	8	—
Reims	—	1	—	—	—	5,53	—
Le Hâvre	—	1	—	—	—	4,49	—
Rouen	—	1	—	—	—	4,5	—
Lyon	—	1	—	—	—	8	—

Cette statistique doit susciter d'autant plus d'inquiétude, que le cœfficient de natalité est, pour la ville de Lille, de 27,78 ‰, c'est-à-dire de 3,64 ‰ seulement plus élevé que le coœfficient de mortalité.

La natalité survivante, à la fin de l'année 1900, est inférieure à la mortalité de l'année (4.766 enfants survivants contre 5.422 décès, soit 656 en moins).

Il faut, coûte que coûte, enrayer ce mouvement de dépopulation, dû en grande partie aux conditions défectueuses de l'habitation pauvre.

Actuellement, Lille est sérieusement menacée dans son développement, dans ce qui fait la puissance d'une ville comme d'un pays, c'est-à-dire dans sa natalité.

Nous appelons, sur ce point, l'attention des pouvoirs publics, des philanthropes, de tous ceux que ne laisse pas indifférents l'avenir de la grande cité lilloise.

III

Deux sociétés fondées à Lille pour la construction de maisons ouvrières.

I. — La compagnie immobilière de Lille (1).

Fondation. — La Compagnie immobilière de Lille est due à l'initiative de M. Violette, ancien ingénieur en chef des poudres et salpêtres. M. Violette avait été élu, en 1862, membre du Conseil municipal qui succédait à la Commission administrative, chargée auparavant de gérer les affaires de la ville.

L'une des premières préoccupations du Conseil fut d'assurer la salubrité publique, alors très négligée. Une Commission fut nommée, elle visita les courettes, où s'entassaient des multitudes de travailleurs, et profondément émue par ce triste spectacle, elle proposa les mesures d'assainissement nécessaires.

Rapporteur de cette Commission, M. Violette conçut le projet de former une Société dont le but serait de construire des maisons ouvrières, hygiéniques et commodes, à l'imitation de ce qu'avaient fait Mulhouse et d'autres

---

(1) V. la brochure de M. Violette. *Histoire de la Compagnie immobilière de Lille pour la construction de maisons d'ouvriers.*

grandes cités. Incapable d'entreprendre seul cette opération, qui exigeait d'importants capitaux, il chercha des associés. MM. Decroix, banquier, Dequoy, manufacturier, et Marteau, architecte du Département du Nord, voulurent bien unir leurs efforts aux siens, et c'est au concours généreux de ces quatre hommes dévoués qu'il faut attribuer tout le mérite de l'œuvre.

Les statuts furent rédigés : en principe, le but de la Société devait être avant tout philanthropique, Elle serait formée par des actionnaires, pour une durée de 50 ans, au capital de deux millions. Elle poursuivrait exclusivement la construction de maisons ouvrières, ainsi que la location et surtout la vente au prix coûtant aux ouvriers.

La difficulté la plus sérieuse était de réunir la somme nécessaire pour donner la vie à la Société, somme qui n'était pas inférieure à 600.000 fr. Il fallait, pour attirer les capitaux, offrir des garanties : ces garanties, M. Violette résolut de les demander à ses collègues du Conseil municipal. Il leur confia ses intentions, leur fit partager ses espérances et fut assez heureux pour gagner à sa cause la majorité de cette assemblée.

Le 14 juillet 1865, le Conseil municipal, sur le rapport de M. Mercier, prit la résolution suivante :

« Le Conseil municipal,

Ouï le rapport présenté par la Commission nommée dans la séance du 16 juin dernier, pour examiner le projet de statuts d'une société formée à Lille, au capital de

2.000.000 frs et pour une durée de 50 années, dans le but de construire, avec le concours de la ville, des maisons exclusivement destinées aux ouvriers;

Vu les statuts sus-mentionnés ;

Considérant que cette œuvre, sagement combinée, est un véritable bienfait pour la classe ouvrière, et doit apporter une grande amélioration dans sa situation physique, en même temps qu'elle exercera une heureuse action sur ses habitudes morales ;

Qu'à ce double titre, elle mérite les encouragements et le concours de la ville ;

Adoptant les conclusions de la Commission ;

Décide que la ville garantira à la Société immobilière, formée pour la construction de maisons d'ouvriers, dans les conditions stipulées aux statuts sus-visés, et pendant toute la durée fixée à 50 ans, un intérêt de 5 % sur le capital employé aux dites constructions, jusqu'à concurrence de 2.000.000 francs, à la condition :

1° Que sur la totalité du terrain affecté aux maisons à un seul étage, deux cinquièmes seulement seront occupés par les constructions, et les trois autres cinquièmes resteront vides, et que pour les maisons à deux étages, la partie bâtie n'occupera pas plus d'un tiers de l'espace.

2° Que les constructions de toute nature que voudra élever la société ne pourront être exécutées qu'après que les plans et devis en auront été approuvés par l'Administration municipale.

3° Que les maisons seront louées sur le pied de 8 %

du capital engagé, et que ce capital sera au maximum, sauf quelques rares exceptions possibles, de 2 500 francs pour les maisons à un étage et de 3.000 francs pour celles à deux étages. »

La délibération de l'édilité lilloise était le baptême de la jeune société : en peu de temps, les 600.000 francs furent souscrits par l'élite industrielle et commerciale de la ville.

Le 7 novembre 1867, l'acte fut passé en l'étude de Me Defontaine. notaire. La même année, l'empereur Napoléon III, lors de son voyage à Lille, fit don à la société d'une somme de 100.000 francs.

Ici finit la période de fondation.

Construction des maisons. — La première préoccupation du Conseil d'administration fut la recherche des terrains les plus favorables, par leur situation et par leur prix, à la construction d'habitations ouvrières.

Afin de ne pas dépasser le prix de revient fixé par le Conseil municipal, il fallait trouver des terrains de prix modéré, ce qui, dans une ville en plein développement, n'était certes pas une petite difficulté.

L'Administration des hospices, désireuse de s'associer au but philanthropique poursuivi par la société, consentit à lui laisser, au prix de huit francs le mètre carré, deux terrains, l'un d'une contenance de 6.900 mètres, situé près de la porte de Douai, l'autre de 10.585 mètres, à proximité de la porte d'Arras.

Dans l'intérêt moral des futurs habitants, la Commission des hospices imposa à la société la condition suivante : « La Compagnie immobilière s'interdit la faculté de laisser occuper tous débits de boissons et autres de cette nature dans les maisons à construire; mais les ouvriers pourront y exercer, moyennant l'autorisation du Conseil de ladite compagnie, les petits commerces auxquels ils se livrent habituellement. »

L'acte de vente fut passé le 12 septembre 1868.

Le terrain acquis, il fallut songer à l'édification des maisons. M. Marteau, architecte du département du Nord, l'un des promoteurs de l'œuvre, fut chargé de la direction des travaux. Il traça un programme qui fut soumis à un concours public. Trois primes, l'une de 1.500 francs, la deuxième de 1 000 francs, la troisième de 500 francs devaient être attribuées aux projets les plus satisfaisants. Vingt concurrents répondirent à l'appel et déposèrent des plans très consciencieusement étudiés pour la plupart.

La commission adopta le type des maisons à arrière-cour dans lesquelles l'une des pièces prend jour sur la cour et l'autre sur la rue : le courant d'air est alors possible; en outre, cette disposition est plus conforme aux exigences des grandes villes : les locataires sont à i'abri des regards indiscrets.

Le nombre des maisons qu'on put construire près de la porte d'Arras fut de 147, dont 135 à un étage et 12 à deux étages. Ces dernières furent édifiées à l'angle des rues ouvertes.

Près de la porte de Douai on put bâtir 86 maisons, dont 74 à un étage et 12 à deux étages.

Les plans arrêtés et approuvés par le maire de Lille, on procéda à l'adjudication des travaux. L'adjudicataire consentit un rabais de 12 %.

Les maisons situées près de la porte d'Arras furent terminées en 1869 et reçues en 1870. Ce groupe est traversé par 3 rues de 10 mètres de largeur : ce sont les rues de Lyon, de Marseille et de Bordeaux, qui sont toutes pavées.

Le terrain situé près de la porte de Douai n'étant pas libre, la construction des maisons à y ériger ne fut commencée qu'en 1869. En juin 1871, ce deuxième groupe était terminé. Il comprend aussi trois rues de 10 mètres de largeur : les rues du Havre, de Rouen et de Strasbourg.

Peu de temps après furent exécutés le pavage et les travaux de canalisation pour le gaz. En outre, la ville de Lille consentit à établir gratuitement, dans les deux groupes, des bornes-fontaines alimentées par les eaux d'Emmerin, récemment amenées dans la ville.

Toutes les maisons ayant été rapidement louées et quelques-unes vendues, le conseil d'administration eut bientôt à sa disposition une somme de vingt mille francs, qu'il consacra à l'achat d'un nouveau terrain près de la porte de Béthune.

Il acquit ainsi, au prix de 8 francs 50 le mètre carré,

un lot de 8.000 mètres, sous condition d'en payer le montant par annuités successives.

Sur ce terrain, 110 maisons furent bâties, dont 25 en 1884.

Le prix de revient est de 4.400 francs pour les maisons ordinaires et de 5.400 francs pour les maisons avec mansarde.

Un autre terrain situé près de la porte d'Arras a reçu 35 maisons.

Exploitation. — Il avait été stipulé dans les statuts que les maisons seraient vendues aux ouvriers exactement à leur prix de revient, et que leur prix de location serait calculé à raison de 8 % du prix de vente. Sur ces 8 %, 5 % devaient être attribués aux actionnaires et 3 % consacrés aux frais d'entretien, aux impôts, à l'assurance, etc...

Le locataire devient propriétaire de sa maison après le paiement de 15 annuités, mais dès qu'il a payé en loyer le dixième du prix de la construction, il peut s'en déclarer acquéreur : à partir de ce jour, le prix de son loyer est réduit à 5 % de la somme restant à payer.

Le tableau suivant énumère très clairement les conditions de vente :

	PRIX DE VENTE par maison	PREMIER ACOMPTE à payer de suite (plus les frais d'acte)	PAIEMENTS A EFFECTUER SUCCESSIVEMENT pour devenir propriétaire		
Maisons à 1 étage.	2.700	270	21 fr. par mois	pendant	13 ans 6 mois.
Plus grandes à 1 étage. . .	4.200	420	35	id.	12 ans 3 mois.
id. id. . . .	4.500	450	35	id.	13 ans 6 mois.
id. id. . . .	4.600	460	35	id.	14 ans.
A 1 étage, avec cave . . .	5.000	500	40	id.	13 ans.
A 2 étages id. . . .	8.000	800	70	id.	11 ans 6 mois.
id. id. . . .	8.700	870	70	id.	12 ans 6 mois

Le tableau ci-après stipule les conditions de location :

	PRIX ANNUEL du loyer	MODE DE PAIEMENT DU LOYER
Maisons à 1 étage. . .	208 fr.	17 fr. 50 par mois ou 8 fr. par quinzaine.
id. id. . .	216	18 fr. par mois.
Plus grandes à 1 étage.	336	84 fr. par trimestre.
id. id.	360	90 fr. id.
id. id.	388	97 fr. id.
A 1 étage, avec cave .	400	100 fr. id.
A 2 étages id. .	640	160 fr. id.

Lorsque, sans avoir à sa disposition la somme nécessaire au paiement du premier acompte sur le prix d'acquisition, un locataire manifeste l'intention d'acquérir sa maison, il peut être autorisé par délibération du Conseil d'administration à verser à la Caisse de la Compagnie ses fonds au fur et à mesure de ses économies. Il reçoit alors un carnet sur lequel sont inscrits ses versements successifs qui produisent en sa faveur un intérêt de 5 %. Lorsque ses versements sont suffisants, il acquiert la propriété de sa maison, et lors du règlement, on lui tient compte de la différence entre les loyers qu'il a payés depuis la remise du carnet et la somme qu'aurait représentée l'intérêt à 5 % sur le prix de vente de la maison, sous déduction des frais d'assurances, d'entretien et des impôts.

La comptabilité de la Compagnie immobilière est tenue par le régisseur, qui sert d'intermédiaire entre la Société et les locataires ou acquéreurs. Il habite l'une des maisons du lot principal, dans chacun des deux autres habite un surveillant, sous les ordres du régisseur.

Ils sont chargés de la police, de la surveillance générale, des déclarations relatives aux réparations, entretien, etc.

C'est au régisseur que sont adressées les demandes pour achats de maisons et pour les locations. Tous les dimanches il perçoit les loyers ; les paiements sont toujours effectués très exactement.

Il se rend chaque jour auprès du président du Conseil, auquel il remet son rapport écrit.

Au 1er janvier 1901, la Compagnie immobilière avait fait construire 378 maisons, divisées en 4 groupes savoir :

Lot n° 1	près de la porte	d'Arras . .	147	maisons.
— 1 *bis*	—	id. . .	35	—
— 2	—	de Douai .	86	—
— 3	—	de Béthune.	110	—
		Ensemble. .	378	maisons.

Lots Nos 1 et 2. (Portes d'Arras et de Douai). — Ces groupes forment un ensemble de 233 maisons dont 5 seulement restent à vendre. Les 228 maisons vendues ont été acquises par des familles d'ouvriers, avec facilité de les payer par fractions, au mois, à la quinzaine ou tout autrement, pendant une période de 15 années, avec faculté d'anticiper sur les époques de paiement. Toutes ces maisons ont été vendues au prix de revient. La moyenne du prix pour les 228 maisons est de 3.154 fr. 80, formant un total de 719.300 frs.

Les 5 maisons restant à vendre sont louées.

Lot N° 1 bis (Porte d'Arras). — Les 35 maisons composant ce lot ont toutes été vendues à des familles ouvrières.

Lot N° 3 (Porte de Béthune). — Sur les 110 maisons composant ce groupe, 7 seulement étaient vendues au 1er janvier 1901. Les autres, soit 103 maisons, sont toujours louées.

En résumé, sur les 378 maisons construites par la Compagnie immobilière, 270 ont été vendues dans les quatre groupes, à des ouvriers, pour la somme de 1.016.109 fr. 62, intérêts compris des sommes restant dues par les acquéreurs.

Au 1er janvier 1901, il restait dû seulement 57,132 fr. 85 sur le prix des maisons vendues. Sur les 378 maisons, 108 restent à vendre.

De l'état des recettes et des dépenses, il ressort qu'il a été dépensé en 1900, y compris l'intérêt aux actionnaires (impôt de 4 °/o à leur charge déduit), la somme de. . . . . fr. 39.257,04
et que les recettes diverses se sont élevées à . 31.514,85

D'où un déficit de 7.742,19

qui, d'après la délibération du 14 juillet 1865, doit être mis à la charge de la ville de Lille.

L'année 1900 n'est d'ailleurs pas la seule pendant laquelle la Compagnie immobilière a dû faire appel à la garantie d'intérêt.

Après avoir suffi seule à ses besoins pendant vingt ans, cette société a vu entravé le succès de ses opérations, aucune année ne s'est passée depuis 1886, sans qu'elle se vît forcée de recourir à l'aide du budget municipal.

Voici le relevé des déficits mis depuis cette année à la charge de la ville:

1886.	fr.	9.995 67
1887.		15.247 79
1888.		16.810 47
1889.		15.806 68
1890.		12.595 82
1891.		15.024 28
1892.		11.384 91
1893.		12.229 80
1894.		12.013 76
1895.		9.347 20
1896.		8.038 23
1987.		7.262 38
1898.		7.271 52
1899.		8.961 26
1900.		7.742 19
Ensemble. . .	fr.	169.731 96

Jusqu'en 1897 la Ville a toujours acquitté la dette qui lui incombait par suite de la délibération de 1865.

Depuis 1897 elle se refuse à remplir l'engagement solennel qui la lie jusqu'en 1915; elle est actuellement redevable, à la Compagnie immobilière, d'une somme de 23.974 fr. 97, montant du déficit des 3 dernières années.

Le procès imminent qui va se dérouler devant les tribunaux lillois démontrera, aux yeux des plus prévenus, les droits incontestables de la Compagnie immobilière (1).

II. — La société lilloise des habitations a bon marché

L'intérêt de 5 % garanti par la ville aux actionnaires de la Compagnie immobilière était, en 1865, le revenu normal de l'argent.

Depuis lors, nous avons assisté à une baisse constante du taux de l'intérêt. Il était devenu impossible à la Compagnie immobilière de suffire elle-même à ses besoins, et nous avons dit que depuis 1886 elle avait dû faire un constant appel à la garantie d'intérêt.

Frappés de cette situation, quelques hommes dévoués, préoccupés de la question si grave des habitations ouvrières, résolurent de profiter des faveurs de la loi du 30 novembre 1894, sans recourir plus longtemps à la

---

(1) Tous les renseignements statistiques contenus dans ce chapitre et dans le chapitre suivant sont dus à l'obligeance de M. Sert, comptable de la *Compagnie immobilière* et de la *Société lilloise des habitations à bon marché*.

ville, dont la tutelle était gênante, et qui, d'ailleurs, ne remplissait plus ses engagements.

De cette union de quelques personnes généreuses naquit, en 1898, la *Société lilloise des habitations à bon marché*, au capital de 250.000 francs, divisé en 500 actions nominatives de 500 francs chacune.

La Société a pour objet exclusif : « la location ou la vente à échéance fixe ou par paiements fractionnés, à des personnes n'étant propriétaires d'aucune maison, notamment à des ouvriers ou employés vivant principalement de leur travail ou de leur salaire, de maisons salubres et à bon marché construites ou acquises à Lille et dans son rayon, et rentrant dans les conditions du règlement d'administration publique du 21 septembre 1895. »

Après avoir aplani toutes les difficultés que rencontre une entreprise naissante et satisfait aux obligations fiscales, les administrateurs se mirent à l'œuvre pour l'exécution de leur programme.

Ils avaient d'abord résolu d'acquérir un ancien établissemert industriel en chômage, situé quai du Wault, et de le transformer en logements ouvriers. Mais ils durent abandonner ce projet, en raison du prix élevé qu'on leur demandait et du coût trop considérable des travaux à exécuter.

Après de longues recherches, ils acquirent un lot de terrain situé entre la rue Buffon et le boulevard d'Alsace, en plein centre industriel. Vingt maisons d'ouvriers avec jardin y furent construites, coûtant ensemble (terrain et constructions) 104,457 fr. 28, soit une moyenne par maison de 5.222 fr. 86.

Ces habitations, louées 28 fr. et 30 fr. par mois, si elles sont encore d'un prix trop élevé pour être occupées par la classe vraiment malheureuse, n'en ont pas moins répondu à un besoin réel d'une population peut-être moins pauvre, mais également digne d'intérêt.

A peine terminées, les 20 maisons étaient toutes louées. Plusieurs demandes d'achat étaient formulées aussitôt, moyennant un prix payable pour une faible partie comptant, et pour le surplus à terme et par amortissement.

A l'heure actuelle, à raison de la crise industrielle qui s'est abattue sur notre région, aucune maison n'est encore vendue. Toutes sont bien louées.

Le résultat de ce premier essai, sans être brillant, fait cependant bien augurer de l'avenir de la société lilloise.

Les administrateurs auraient voulu entrer plus activement dans cette voie de construction nouvelle, mais la cherté des terrains, la majoration du prix des matériaux de construction, et aussi la question du démantèlement, ont paralysé leurs efforts : ils se sont vu forcés d'ajourner jusqu'à des temps meilleurs toute entreprise nouvelle.

Ils suivent les annonces de cités à vendre, susceptibles d'améliorations en vue de la location, ainsi que les ventes d'anciennes usines abandonnées : ils ont étudié, il y a quelques mois, la transformation d'un immeuble industriel délaissé, situé dans le quartier Saint-Sauveur, et qui leur paraissait réunir les conditions favorables au but qu'ils poursuivent.

Mais ce projet a dû être écarté par suite des prétentions tardives du propriétaire-vendeur.

Ils avaient également décidé l'achat d'un lot de 4.500 mètres de terrain susceptible de recevoir la construction de 40 maisons, sis à front de la rue de Lannoy et de deux rues nouvelles. Cet achat fut sur le point d'aboutir, mais au moment de passer acte, on constata que les deux rues nouvelles, déclarées municipales lors des pourparlers, n'étaient pas reconnues par la ville et que, de plus, on voulait en faire payer la surface par la société, d'où rupture des négociations.

En somme, depuis un an, la situation de la société lilloise est demeurée stationnaire. Les administrateurs estiment qu'il est préférable de réserver leurs moyens d'action pour des opérations nettement avantageuses et conformes au but de la société.

Le revenu net de l'année 1900 s'est élevé à 4.958 francs 44 centimes.

Il a été versé aux actionnaires un dividende de 2 1/2 %.

Le peu d'importance de ce dividende permet de ranger la société lilloise parmi les sociétés nettement philanthropiques.

Il est d'ailleurs stipulé dans les statuts que la seule rémunération du capital consiste dans un dividende qui ne pourra jamais dépasser 4 %. Le surplus, s'il en existait, devrait former une réserve spéciale destinée à parer aux éventualités et à assurer le développement de l'œuvre.

Vu :
Le Président de la Thèse,
Louis VALLAS.

Vu :
Le Doyen,
Louis VALLAS.

Vu et permis d'imprimer :
Lille, le 25 novembre 1901.
Le Recteur de l'Académie de Lille,
J. MARGOTTET.

BIBLIOGRAPHIE

BECOUR. — Rapport général sur les travaux de la Commission des Logements insalubres pendant l'année 1880. Lille, 1881.

BLANQUI — Rapport sur la situation des classes ouvrières en 1848. (Travaux de l'Académie des Sciences morales et politiques, 1849, N° 5, 2e série.)

Bulletin de la Société française des habitations à bon marché, de 1890 à 1901.

Bulletin de l'Office sanitaire municipal, 1900.

CHALLAMEL. — Commentaire de la loi du 30 novembre 1894, relative aux habitations à bon marché, dans l'Annuaire de Législation française, année 1895, page 97.

CHALLAMEL. — Du nouveau régime successoral inauguré par la loi du 30 novembre 1894. (Réforme sociale du 16 février 1896.)

CHALLAMEL. — Étude sur les habitations à bon marché en Belgique et en France. (Bulletin de Législation étrangère, Paris, 1895, tome XXIV.)

CHALLAMEL. — Rapport sur l'état présent de l'habitation ouvrière. (Bulletin de la Société française des habitations à bon marché, 1895.)

CHALLAMEL. — Compte rendu et documents du Congrès international des habitations à bon marché, tenu à Paris, les 18, 19, 20 et 21 juin 1900.

CHEYSSON. — La question des habitations ouvrières en France et à l'étranger.

DESCAMPS. — Lille. Un coup d'œil sur son agrandissement.

DIANCOURT — Rapport sur la proposition relative aux habitations à bon marché. Paris, 1893.

DROULERS. — La loi du 30 novembre 1894 relative aux habitations à bon marché. Son application dans une grande ville industrielle. Paris, 1898.

FÉRON-VRAU. — Des habitations ouvrières à Lille. (Bulletin de la Société industrielle du Nord de la France, 1899. 1er trimestre.)

FÉRON-VRAU. — Enquête sur la situation des logements ouvriers à Lille, publiée sous la direction de M. Féron-Vrau (chez H. Morel et Cie, Lille).

FUZIER-HERMAN. — Droit français, tomes 23 et 26.

LEBON (Maurice). — Rapport fait au nom du jury de la classe 106. (Exposition universelle de 1900), publié dans le Bulletin de la Société française des habitations à bon marché, 1901, N° 1.

MELLET. — Des modifications apportées au Code Civil en matière de partage successoral par la loi du 30 novembre 1894, relative aux habitations à bon marché. Angers 1897.

MULLER ET CACHEUX. — Les habitations ouvrières en tous pays. Paris, 1889.

PICOT (Georges). — Un devoir social et les logements d'ouvriers.

PICOT (Georges). — Rapport présenté au jury de l'Exposition universelle de 1889, publié dans le bulletin de la Société française des habitations à bon marché. 1891.

RAFFALOVICH. — Le logement de l'ouvrier et du pauvre.

RENOUARD et MUY. — Les institutions ouvrières et sociales du Département du Nord.

ROSTAND (Eugène). — La coopération appliquée à la construction. (Bulletin de la Société française des habitations à bon marché, 1890).

SIMON (Jules). — L'ouvrière.

VATHAIRE (de). — Les habitations à bon marché. Paris 1897.

VILLERMÉ. — Tableau de l'état physique et moral des ouvriers employés dans les manufactures de coton, de laine et de soie, 1840.

VIOLETTE. — Histoire de la Compagnie immobilière de Lille pour la construction de maisons d'ouvriers.

TABLE DES MATIÈRES

TROISIÈME PARTIE

Lille. Imp. Camille Robbe.

www.ingramcontent.com/pod-product-compliance
Lightning Source LLC
Chambersburg PA
CBHW071628200326
41519CB00012BA/2199
* 9 7 8 2 0 1 4 5 1 2 3 4 2 *